Mon album des découvertes et des inventions

par professeur Génius

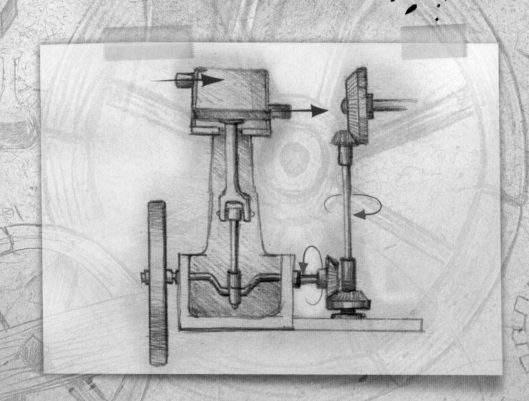

QUÉBEC AMÉRIQUE jeunesse

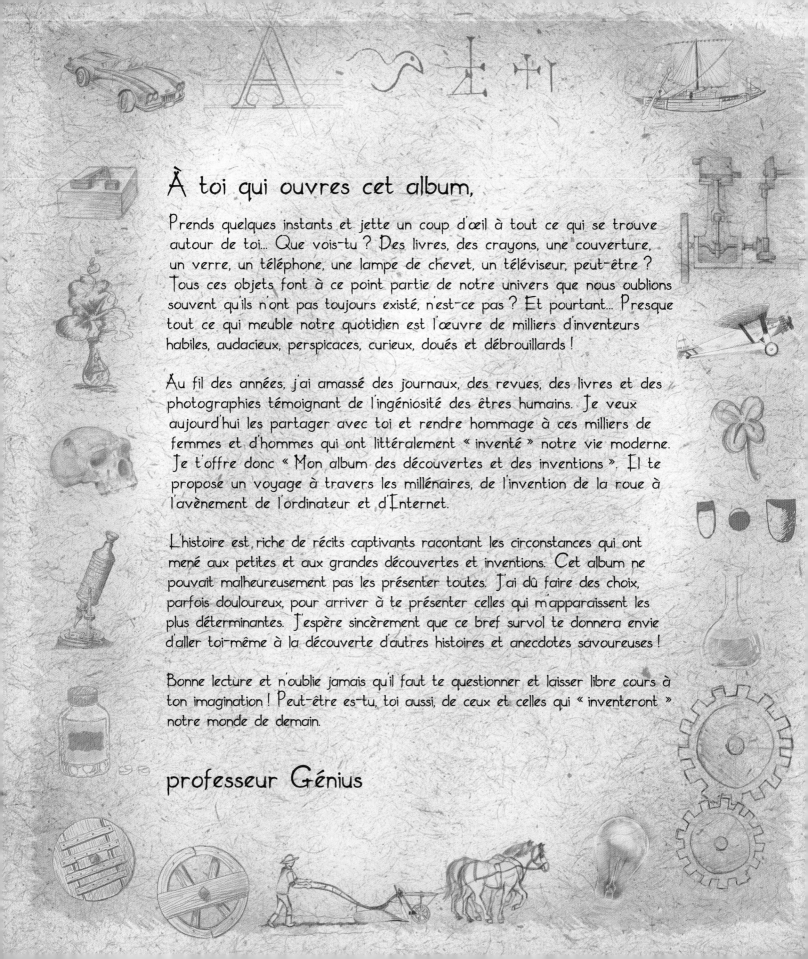

À toi qui ouvres cet album,

Prends quelques instants et jette un coup d'œil à tout ce qui se trouve autour de toi... Que vois-tu ? Des livres, des crayons, une couverture, un verre, un téléphone, une lampe de chevet, un téléviseur, peut-être ? Tous ces objets font à ce point partie de notre univers que nous oublions souvent qu'ils n'ont pas toujours existé, n'est-ce pas ? Et pourtant... Presque tout ce qui meuble notre quotidien est l'œuvre de milliers d'inventeurs habiles, audacieux, perspicaces, curieux, doués et débrouillards !

Au fil des années, j'ai amassé des journaux, des revues, des livres et des photographies témoignant de l'ingéniosité des êtres humains. Je veux aujourd'hui les partager avec toi et rendre hommage à ces milliers de femmes et d'hommes qui ont littéralement « inventé » notre vie moderne. Je t'offre donc « Mon album des découvertes et des inventions ». Il te propose un voyage à travers les millénaires, de l'invention de la roue à l'avènement de l'ordinateur et d'Internet.

L'histoire est riche de récits captivants racontant les circonstances qui ont mené aux petites et aux grandes découvertes et inventions. Cet album ne pouvait malheureusement pas les présenter toutes. J'ai dû faire des choix, parfois douloureux, pour arriver à te présenter celles qui m'apparaissent les plus déterminantes. J'espère sincèrement que ce bref survol te donnera envie d'aller toi-même à la découverte d'autres histoires et anecdotes savoureuses !

Bonne lecture et n'oublie jamais qu'il faut te questionner et laisser libre cours à ton imagination ! Peut-être es-tu, toi aussi, de ceux et celles qui « inventeront » notre monde de demain.

professeur Génius

Montréal, le 3 mars 2004

Bonjour mon cher Génius,

Je me suis follement amusé en lisant ton livre sur les découvertes et les inventions.
Je me suis laissé emporter comme dans une machine à voyager dans le temps. Le
chemin parcouru par les êtres humains depuis l'invention de la roue est ahurissant !
Malgré tout, il reste encore beaucoup à faire parce que tout est toujours à améliorer.

Tu sais, Génius, les gens imaginent bien souvent l'inventeur comme un vieux
monsieur barbu, un peu chauve, avec des lunettes sur le bout du nez et qui
s'affaire au milieu de ses éprouvettes... Mais toi et moi savons bien qu'il n'en est
rien ! Les inventeurs de demain sont ces enfants à qui tu adresses ton album, mon
cher ami. Bravo pour cette magnifique initiative, ce sera avec un immense plaisir
que je les recevrai tous un jour dans mon Inventarium !

Et rappelle-toi toujours mon vieux dicton :
« La meilleure façon de prévoir l'avenir, c'est de l'inventer. »

Daniel Paquette
Le policier-inventeur

Mon ami Daniel Paquette est un policier à
la retraite. Il est le président fondateur de
l'Inventarium, un centre de services créé pour
les inventeurs et qui vise à protéger, développer
et commercialiser leurs inventions. Pour en savoir
plus, je t'invite à aller jeter un coup d'œil à son
site Internet : http://www.inventarium.com

Vous pouvez écrire au professeur Génius à l'adresse électronique suivante : professeur@geniusinfo.net ou encore lui envoyer du courrier par la poste, à l'adresse ci-contre :

Professeur Génius
3e étage
329, rue de la Commune Ouest
Montréal (Québec)
H2Y 2E1
Canada

www.geniusinfo.net

Mon album des découvertes et des inventions par professeur Génius a été conçu et créé par :

QUÉBEC AMÉRIQUE

QA Kids
une division des
Éditions Québec Amérique inc.
3e étage
329, rue de la Commune Ouest
Montréal (Québec)
H2Y 2E1 Canada

T 514.499.3000   F 514.499.3010
www.qa-international.com

Catalogage avant publication de la Bibliothèque nationale du Canada

Vedette principale au titre :
Mon album des découvertes et des inventions (par professeur Génius)

Comprend un index
Pour les jeunes de 10 ans et plus
ISBN 2-7644-0818-8

1. Inventions - Ouvrages pour la jeunesse. 2. Découvertes scientifiques - Ouvrages pour la jeunesse. I. QA International (Firme) II. Collection

Q180.55.D57M66 2004   j509   C2003-942200-3

Imprimé et relié en Slovaquie.

10 9 8 7 6 5 4 3 2   08 07 06 05   03 02

Nous reconnaissons l'aide financière du gouvernement du Canada par l'entremise du Programme d'aide au développement de l'industrie de l'édition (PADIÉ) pour nos activités d'édition.

Le Conseil des Arts | The Canada Council
du Canada | for the Arts

SODEC
Québec ::

Gouvernement du Québec – Programme de crédit d'impôt pour l'édition de livres – Gestion SODEC.

Les Éditions Québec Amérique bénéficient du Programme de subvention globale du Conseil des Arts du Canada. Elles tiennent également à remercier la SODEC pour son appui financier.

Les personnages qui peuplent l'univers du professeur Génius, à l'exception de M. Daniel Paquette, sont pure fantaisie. Toute ressemblance avec des personnes vivantes serait fortuite. Bien que les faits qu'ils contiennent soient justes, les articles de journaux, lettres d'époque, livres et revues tirés de la collection personnelle du professeur sont également issus de l'imaginaire des créateurs de cet album.

Table des matières

DES INVENTEURS ET DES INVENTIONS 6
Les découvertes et les inventions, portrait de l'inventeur
et les civilisations du monde antique

DES INVENTIONS RÉVOLUTIONNAIRES 12
La roue, l'électricité et la machine à vapeur

S'ALIMENTER 18
L'agriculture, les aliments, la cuisson et
la conservation de la nourriture

VIVRE AU QUOTIDIEN 24
Les maisons, l'argent, les mesures, l'hygiène publique,
le chauffage et l'éclairage

ÉCRIRE ET COMPTER 32
Les lettres, l'imprimerie, les chiffres et le calcul

SE SOIGNER 36
Les diagnostics, la chirurgie et les médicaments

SE DÉPLACER 42
Les moyens de transport maritimes, terrestres et aériens

COMMUNIQUER 48
La poste, les journaux, la machine à écrire,
le télégraphe, le téléphone, la radio et la télévision

SE DIVERTIR 54
La musique, la photographie, le cinéma et les jeux

DES INVENTIONS FOLLES 58
Les gadgets et autres folies

LES INVENTIONS DU FUTUR 60
La futurologie, la réalité virtuelle et les inventions de demain

Paris, 29 octobre 2003

Cher frérot,

J'arrive du Musée national des arts et métiers. Tu devrais voir leur collection ! Elle compte plus de 80 000 objets et 15 000 dessins, soit autant d'inventions qui témoignent du génie humain. Tu te doutes bien que cette passionnante visite m'a fait penser à toi et ton nouveau projet sur les découvertes et les inventions. J'ai bien hâte qu'on en discute de vive voix ! On se voit toujours à Noël ?

Ta grande sœur qui t'aime

J'invente, tu inventes, il invente...

Connais-tu la différence entre une « découverte » et une « invention » ? Puisque l'une et l'autre seront à l'honneur dans les pages de cet album, mieux vaut préciser tout de suite ce qui les différencie.

Une invention est une nouveauté créée par l'homme, quelque chose qui n'existait pas auparavant. Il peut s'agir d'un objet, d'un outil ou d'un matériau.

La découverte, quant à elle, est une chose ou un phénomène qui existait déjà dans la nature, mais qui a été observé ou compris pour la première fois.

Voici un exemple qui te permettra de bien distinguer la découverte de l'invention. L'homme préhistorique a DÉCOUVERT le feu (probablement lorsqu'il a observé un feu de forêt pour la première fois). Beaucoup plus tard, les gens ont INVENTÉ des façons de faire du feu. Tu n'as qu'à penser aux allumettes et aux briquets, par exemple.

Tu sais, toutes les inventions ne sont pas nécessairement géniales. Plusieurs tentatives d'inventions, comme les premiers engins volants, se sont soldées par des échecs retentissants. Certains inventeurs célèbres ont même connu des échecs ! Je pense à Thomas Edison (l'inventeur de l'ampoule électrique) et à son impossible téléphone beaucoup trop bruyant. J'ai aussi en tête John Logie Baird (l'inventeur de la télévision) et à ses chaussettes autochauffantes. Malgré tout, un jour ou l'autre, les efforts finissent souvent par être récompensés. Même s'ils n'ont jamais réussi à transformer le métal en or, les alchimistes du Moyen-Âge, par exemple, ont accumulé des connaissances précieuses qui sont à la base de la chimie moderne. Alors, si tu crois avoir la fibre de l'inventeur, ne désespère surtout pas ! La persévérance et l'audace sont bien souvent la clé du succès.

DÉCOUVERTE (de l'ancien français *descoverte*, de *découvrir* venant du latin *discooperire* [dégarnir]) : Action de découvrir ce qui était inconnu, de faire connaître un phénomène caché ou ignoré qui existait déjà.

INVENTION (du latin *inventio*, de *invenire* [trouver]) : Action d'inventer, de créer. Une chose inventée, une nouveauté scientifique ou technique.

POYET

Même si la plupart des inventions ont pour but d'améliorer la qualité de vie des gens, elles ont AUSSI parfois des effets contraires ! Prenons le cas de l'automobile, par exemple. L'auto est un moyen de transport très pratique, son industrie crée de l'emploi pour des milliers de personnes, MAIS elle cause des accidents parfois mortels et contribue à la pollution de l'air (à cause du gaz carbonique produit par la combustion de l'essence). Tu sais, il n'est pas toujours facile d'évaluer les conséquences d'une invention. L'extrait ci-dessous en témoigne.

Alfred NOBEL (1833-1896)

Après trois ans de longues recherches, le chimiste suédois Alfred Nobel parvint, en 1866, à stabiliser la nitroglycérine — un liquide huileux qui explose violemment — en l'incorporant dans un solide inerte. Il venait d'inventer la dynamite. Les militaires firent aussitôt de cette invention une arme puissante alors que l'inventeur ne voulait qu'éviter les accidents sur les chantiers de construction. Alfred Nobel décida de léguer l'énorme fortune que lui rapporta son invention destructrice pour récompenser les personnes ayant rendu de grands services à l'humanité.

Inventeurs et inventions, p. 127.

Chaque année, depuis 1901, la Fondation Nobel remet cette médaille à des bienfaiteurs œuvrant dans des domaines aussi variés que les sciences, la littérature ou la paix.

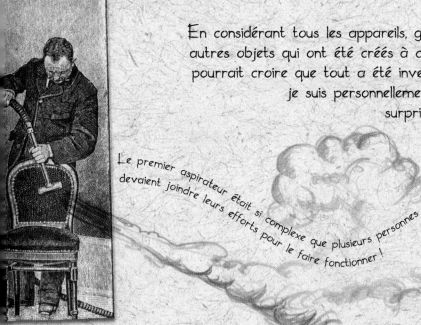

Le premier aspirateur était si complexe que plusieurs personnes devaient joindre leurs efforts pour le faire fonctionner !

En considérant tous les appareils, gadgets et autres objets qui ont été créés à ce jour, on pourrait croire que tout a été inventé ! Pourtant, je suis personnellement convaincu que l'avenir nous réserve encore des surprises car il semble que le goût d'inventer est un besoin bien humain. Peut-être le défi réel est-il maintenant d'utiliser notre connaissance pour protéger l'avenir de notre planète et pour s'assurer que TOUS ses habitants puissent y vivre en santé et... en paix.

Quand, comment et pourquoi inventer ?

Connais-tu le proverbe qui dit « La nécessité est la mère de toutes les inventions » ? Il veut simplement dire que les inventeurs de tous les temps ont inventé pour combler des besoins (même si certains d'entre eux l'ont fait pour satisfaire leur créativité débordante...). Depuis toujours, ce sont les besoins SOCIAUX comme le besoin de confort, de communication, de sécurité, d'hygiène et de santé, qui ont inspiré le plus grand nombre d'inventions. Mais depuis la Révolution industrielle (je te reparlerai bientôt de cette grande période), il n'est pas rare de voir des inventions surgir en réponse à des besoins ÉCONOMIQUES. Par exemple, les inventions qui ont fait progresser l'industrie textile (fabrication des tissus) à ses débuts étaient motivées par la recherche de profits. Enfin, les guerres ont de tout temps amené les hommes à créer des armes et des engins de plus en plus performants. Les besoins MILITAIRES ont conduit à plusieurs inventions comme le moteur à réaction et le radar. Avant d'aller plus loin, je souhaite te présenter quelques notions importantes qui t'accompagneront tout au long de ta lecture.

—✦—

L'an -100, 3 200 ans av. J.-C., 500 ans avant notre ère, il y a de cela 3 500 ans, -130 ans... Il est parfois bien difficile de s'y retrouver avec toutes ces dates, n'est-ce pas ? Voici une petite note qui t'aidera sans doute à y voir plus clair dans les références historiques mentionnées ici et là.

Apparition de l'homme

Berceaux des inventions

Les grandes civilisations ont vu le jour sur les rives fertiles de grands fleuves comme le Nil en Égypte, le Tigre et l'Euphrate en Mésopotamie (ancien Irak) et le fleuve Jaune en Chine. Comme de nombreuses inventions importantes ont été réalisées par ces premières civilisations, j'ai cru bon te présenter cette carte pour t'aider à situer ces peuples dans l'espace et le temps. Tu pourras t'y référer en cours de lecture.

L'ère du temps

Lorsque nous parlons de notre ère, nous faisons référence à la période qui débute avec la naissance de Jésus-Christ. Elle débute à l'an 0. On dit de toutes les dates situées avant l'an 0 qu'elles sont « avant Jésus Christ » (av. J.-C.) ou « avant notre ère », mais il arrive aussi que certaines références les présentent précédées d'un « - ». On dit de toutes les dates situées après l'an 0 qu'elles font partie de notre ère.

Historia, p. 8

Les Sumériens et les Babyloniens ont habité tour à tour la Mésopotamie.

Peuples et civilisations du monde antique

▢ Sumer (-3500 à -1900)

▢ Égypte ancienne (-3300 à -30)

● Ville de Babylone (-1830 à -539)

Certaines périodes de l'histoire ont été particulièrement productives en matière d'inventions. Laisse-moi te présenter ces périodes ainsi qu'une ligne du temps illustrant quelques inventions qui les ont marquées.

Procédé d'imprimerie

1492

1598

« Mona Lisa » de Léonard de Vinci

476

-3500

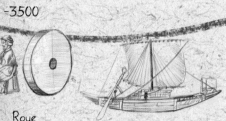

Roue

Bateaux égyptiens

Machine de guerre

La Renaissance

Les artistes et les savants de la Renaissance redécouvrent les enseignements des Grecs de l'Antiquité et les progrès technologiques amorcés au Moyen Âge se poursuivent. L'intérêt pour les arts est renouvelé et la science moderne se développe. Parmi les nombreuses innovations technologiques qui font leur apparition, la mécanisation du procédé d'imprimerie, inventée par Gutenberg, vers 1440, aura des répercussions révolutionnaires en mettant le savoir à la portée de tous.

L'Antiquité

Les Sumériens inventent la roue vers -3500. Deux mille ans plus tard, les Égyptiens innovent en matière de construction de bateaux et construisent d'imposants monuments comme les pyramides. À partir des années -500, la civilisation grecque qui règne alors sur la région méditerranéenne voit naître de grands architectes, voyageurs et philosophes. Vers l'an 100, l'Empire romain conçoit des machines de guerre perfectionnées. Du côté de l'Asie, la Chine connaît de l'an -1000 à l'an 1000 une effervescence d'idées et d'inventions, dont le papier, l'imprimerie, la boussole et la poudre à canon.

1815

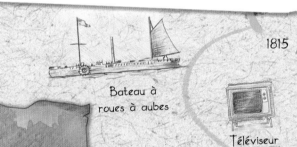

Bateau à roues à aubes

Téléviseur

La Révolution industrielle

La Révolution industrielle met la puissance des machines au service de l'industrie. Avec une population en pleine croissance, les États-Unis connaissent au 19e siècle des progrès spectaculaires dans plusieurs domaines dont les communications et les transports. Parmi toutes les nouvelles machines qui marquent cette époque, la machine à vapeur est certainement la plus importante.

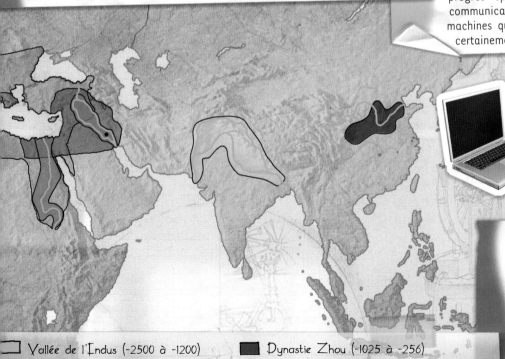

Ordinateur portatif

1945

Hélicoptère

Le monde d'aujourd'hui

Le monde moderne connaît des progrès scientifiques et techniques sans précédent. Les changements sont d'autant plus fondamentaux qu'ils bouleversent la vie quotidienne et la relation de l'homme avec son environnement. En ce début de 21e siècle, le nouveau défi des inventeurs est probablement de trouver des solutions aux effets négatifs du progrès.

Vallée de l'Indus (-2500 à -1200)

Grèce antique (-2000 à -30)

Dynastie Shang (-1765 à -1066)

Dynastie Zhou (-1025 à -256)

Assyrie (-1390 à -612)

Rome ancienne (-27 à 476)

Le génie humain

Une bonne idée, un peu de hasard et BEAUCOUP de travail sont à l'origine de la plupart des inventions. Même si certaines sont apparues grâce à un éclair de génie, beaucoup d'autres ont vu le jour après des années de réflexion. Avec l'aide de mon ami inventeur, le professeur Trukégadgette, j'ai essayé de trouver les principales qualités d'un bon inventeur. Qu'ils soient solitaires ou regroupés en équipes, savants éminents ou bricoleurs du dimanche, tous les inventeurs possèdent un dosage unique des qualités énumérées ci-dessous.

Cher professeur,

Ma mère dit parfois « Eurêka ! » quand elle vient d'avoir une bonne idée ou de trouver quelque chose qu'elle cherchait depuis longtemps. Quand je lui ai demandé ce que ça voulait dire, elle m'a dit qu'elle ne s'en souvenait plus et m'a suggéré de vous le demander.

Merci d'avance,
Gaspard

- ✓ Chanceux
- ✓ Imaginatif
- ✓ Persévérant
- ✓ Passionné
- ✓ Perspicace
- ✓ Génial
- ✓ Curieux
- ✓ Travaillant
- ✓ Bricoleur

En pensant à la colle peu collante découverte par un collègue, Arthur Fly invente, en 1974, des marque-pages, les fameux Post-it®.

Ignorant les journalistes qui ridiculisent son idée d'envoyer un véhicule jusqu'à la Lune, Robert Goddard poursuit ses travaux et construit la première fusée. Le premier vol a lieu le 16 mars 1925. Il dure 2 secondes et demie.

En 1839, Charles Goodyear découvre accidentellement un procédé permettant d'améliorer la résistance du caoutchouc après avoir cherché d'arrache-pied pendant cinq longues années.

« Le génie est composé de 1 % d'inspiration et de 99 % de sueur. »

Thomas Edison

Pour empêcher que notre invention soit copiée, on peut tout simplement tenir sa langue, comme la compagnie Coca-Cola qui n'a jamais divulgué la formule secrète de sa célèbre boisson pétillante depuis sa création, en 1886, ou encore déposer un brevet.

Le brevet est un document légal qui protège un inventeur en lui garantissant la paternité de sa nouvelle idée et en interdisant la copie. Inventé en Italie en 1421, le dépôt de brevet s'est généralisé au 18e siècle en France, en Angleterre et aux États-Unis, ce qui a eu pour effet d'encourager les inventions. Puisque le brevet assure le monopole de fabrication, généralement pendant une période maximale de 21 ans, l'inventeur peut alors profiter de son invention tout en informant les autres chercheurs des progrès techniques.

Selon la légende, c'est le mathématicien et physicien grec Archimède, qui vécut de -287 à -212, qui se serait écrié « Eurêka ! », soit « J'ai trouvé ! » en grec, lorsqu'il fit une découverte importante dans son bain. En entrant dans la baignoire pleine jusqu'au bord, le savant remarqua avec intérêt que l'eau débordait. Il réalisa alors que la quantité d'eau déplacée avait un rapport avec la taille et le poids de l'objet immergé. Ces observations allaient donner naissance au principe d'Archimède expliquant, entre autres, comment les objets flottent. Voici un court portrait de deux autres hommes de génie, Léonard de Vinci et Thomas Edison.

EURÊKA !

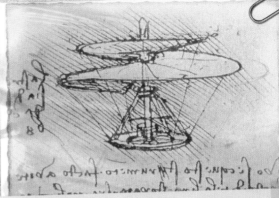

Léonard de VINCI (1452-1519)

Léonard de Vinci incarne parfaitement l'homme de génie de la Renaissance, capable d'explorer tous les domaines du savoir. À la fois artiste et homme de science, ce visionnaire imagina et dessina des centaines d'appareils dont certains virent le jour des siècles plus tard !

Inventeurs et inventions, p. 192

Plusieurs des idées lumineuses de Léonard de Vinci n'ont jamais été réalisées, faute des connaissances techniques requises pour les faire fonctionner.

Léonard de Vinci

Thomas EDISON (1847-1931)

L'inventeur américain Thomas Edison mit au point plusieurs inventions révolutionnaires dont la fameuse ampoule électrique, le phonographe (servant à l'enregistrement sonore), la machine à écrire électrique et le kinétoscope (un des ancêtres du cinéma). L'ancien télégraphiste perfectionna aussi de nombreux appareils, comme le télégraphe, et installa la toute première centrale électrique.

Inventeurs et inventions, p. 43

Depuis qu'il existe, l'être humain n'a jamais cessé de découvrir et de tenter d'expliquer toutes sortes de phénomènes naturels et d'imaginer des machines, des plus simples aux plus complexes, pour faciliter la vie des siens. J'ai beaucoup d'admiration pour tous ces créateurs, particulièrement ceux qui poursuivent leur quête malgré les échecs ou l'incompréhension du monde qui les entoure. En repoussant sans cesse les limites de la connaissance, des visionnaires comme Archimède, Léonard de Vinci ou Thomas Edison ont tracé la voie aux inventeurs d'aujourd'hui. Peut-être suivras-tu leurs traces... Qui sait ?

Homme au kinétoscope

Avec plus de 1 000 inventions à son crédit, Edison est considéré comme l'un des inventeurs les plus prolifiques de l'histoire.

Thomas Edison

De grandes inventions

Certaines inventions méritent que nous nous y attardions un peu car elles ont littéralement bouleversé nos vies et influencé toute la suite de l'histoire. J'ai choisi trois d'entre elles que je te présenterai dans les six prochaines pages de cet album. Commençons, si tu le veux bien, par la roue.

La roue à une seule planche

La roue tripartite

La roue en pierre taillée

La roue semi-pleine

La roue : une très ancienne invention

La roue est sans contredit une des plus grandes inventions du génie humain. Essaie d'imaginer quelques instants ce que serait notre vie sans cette fabuleuse forme ronde et mobile. Lorsque nous pensons à la roue, nous pensons forcément à tous ces moyens de transport roulants, comme la voiture, l'autobus et la bicyclette. Mais savais-tu que la roue est aussi une composante indispensable pour d'autres inventions ? Les moulins à eau, les machines à vapeur, les horloges et même l'électricité ont été inventés grâce à l'existence de la roue. Voyons un peu comment est née cette merveille.

La roue aurait été inventée par les Sumériens, vers -3500. Les premières roues étaient pleines. Elles consistaient en de simples tranches de troncs d'arbres ou étaient faites de planches de bois maintenues ensemble de manière à former une surface pleine. Au cours des siècles, les roues sont devenues plus légères et plus rapides, grâce à l'invention des traverses et, plus tard, des rayons. Selon le moment et l'endroit du monde où elle a été utilisée, la roue a eu plusieurs aspects. Je t'en ai dessiné quelques-uns.

Traverse

La roue à traverses

As-tu déjà observé un potier à l'œuvre ? N'est-il pas magique de voir une boule d'argile se transformer sous nos yeux pour prendre la forme d'une assiette, d'un bol, d'un vase ? Le tour du potier est l'un des plus vieux instruments mécaniques que les humains aient utilisés. Plusieurs historiens croient même qu'il est l'ancêtre de la roue. Voici un court extrait expliquant son fonctionnement.

Girelle

Roue

Le coin de *l'artiste*

Accueil | Musique | Arts | Lettres | Info

La poterie, d'hier à aujourd'hui

Le potier travaille sa pièce sur un plateau rond, appelé girelle, qui est lui-même relié à une roue d'entraînement. Selon les endroits et les époques, la roue du potier est actionnée à la main, à l'aide du pied ou à l'électricité. En tournant, la roue entraîne la girelle ainsi que la pièce à travailler. Au moyen de pressions douces des mains, le potier modèle la masse d'argile pour lui donner la forme de son choix.

Comme je te l'écrivais plus tôt, la roue a donné naissance à de nombreuses inventions. En voici quelques-unes.

La roue à aubes

La roue à aubes est munie de pales disposées horizontalement ou verticalement. En s'écoulant sur celles-ci, l'eau entraîne la roue. En tournant, celle-ci transmet sa force motrice à un mécanisme qui actionne des machines aux multiples usages. Cent ans avant notre ère, des roues à aubes étaient utilisées dans plusieurs régions du monde. La force qu'elles produisaient servait entre autres à moudre le grain.

La science, p. 163

L'engrenage

Un engrenage est un ensemble composé d'un minimum de deux roues dentées qui se jumellent parfaitement. En tournant une sur l'autre, elles créent une force de mouvement pouvant être transmise à un mécanisme. Les archéologues ont découvert une horloge astronomique grecque, datant de l'an -2000 environ. L'objet, composé d'une vingtaine de roues dentées, serait le plus vieux système d'engrenages connu. De nos jours, les engrenages sont toujours utilisés dans les horloges mais aussi dans les poignées de portes, les serrures et les bicyclettes, entre autres.

Scientifiquement vôtre, janvier 2004

Les roues à aubes étaient installées au fil du courant d'une rivière ou sous une chute d'eau. Les centrales hydroélectriques qui produisent l'électricité sont équipées de turbines, des roues fonctionnant selon le même principe que celui de la roue à aubes. L'énergie produite par le mouvement des turbines est transformée en électricité et acheminée par les fils électriques jusqu'à nos demeures.

La roue à aubes

Comment fonctionne la poulie ?

La poulie est une roue autour de laquelle s'enroule une corde, ou une chaîne, attachée à un objet à lever. En tirant la corde vers le bas, à l'aide d'un contrepoids, on peut soulever l'objet aussi haut que le support. Ce système de levage est notamment utilisé dans les ascenseurs, où les mouvements de la cage doivent être équilibrés par un contrepoids. Plusieurs poulies peuvent aussi être combinées de manière à augmenter la force de levage.

Comment ça marche ?, p. 82

Des poulies étaient utilisées en Assyrie, plus de 800 ans avant notre ère. Le très savant Archimède aurait lui-même inventé une grue à trois poulies permettant de déplacer rien de moins qu'un navire avec son équipage et sa cargaison !

La machine à vapeur

Au début du 18ᵉ siècle, un vent de changement souffle sur les villes et les campagnes. Les populations grandissent. On a besoin de plus d'aliments, de plus de vêtements, de plus de meubles. Les produits qui étaient anciennement fabriqués à la main doivent être produits rapidement, en plus grand nombre et au moindre coût possible ! Une toute nouvelle invention fait sensation : c'est la machine à vapeur. Son énergie peut être mise à la disposition des êtres humains pour faire fonctionner les grosses machines des industries. Grâce à elle, de nouvelles usines voient le jour — notamment dans le secteur du textile — et attirent des milliers de personnes qui viennent y chercher un emploi. Cette période de grands bouleversements s'amorce en Angleterre, au 18ᵉ siècle, et s'étend peu à peu à l'Europe et aux États-Unis. On l'appelle la Révolution industrielle.

Avant de faire connaissance avec la machine à vapeur et ses inventeurs, tu dois d'abord savoir que la vapeur contient une incroyable quantité d'énergie. Jette un coup d'œil à la chronique de madame Surprenant que je t'ai collée ci-dessous. Elle explique admirablement bien pourquoi il en est ainsi.

Il y a 300 ans, une poignée de savants ingénieux (je te les présenterai à la page suivante) ont eu l'idée de transformer l'énergie de la vapeur en mouvement ! Ils ont ainsi inventé la fameuse machine à vapeur. Voici son fonctionnement :

De l'eau est chauffée dans une chaudière jusqu'à ce qu'elle se transforme en vapeur. La vapeur sous pression pénètre dans un cylindre et force un piston à bouger. En montant et descendant, le piston communique son mouvement de va-et-vient à un système d'engrenages qui entraîne à son tour le mouvement circulaire d'une roue qui peut actionner des machines.

Comment ça marche ?, p. 114

Incroyable mais vrai !
par C. Surprenant

2 000 fois plus volumineuse !

Lorsqu'on chauffe de l'eau, sa température s'élève de façon constante jusqu'à 100 °C. L'eau se met alors à bouillir et se transforme graduellement en vapeur. En passant ainsi de l'état liquide à l'état gazeux, l'eau subit une énorme dilatation, c'est-à-dire qu'elle occupe un volume 2 000 fois plus grand que le volume qu'elle occupait à l'état liquide. Les petites particules d'eau contenues dans la vapeur se déplacent alors à toute vitesse et bombardent les parois du récipient. On peut facilement imaginer la forte pression que subit le couvercle d'un récipient fermé ! C'est cette force qui est à la base de toutes les machines à vapeur.

Scientifiquement vôtre, mars 2003

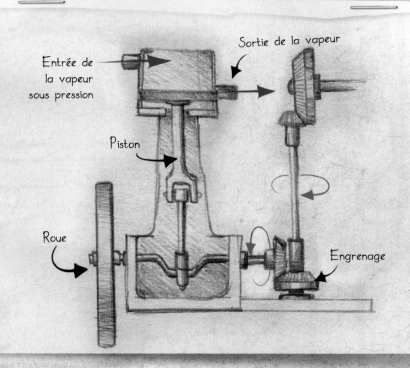

Sortie de la vapeur

Entrée de la vapeur sous pression

Piston

Roue

Engrenage

C'est l'ingénieur anglais Thomas Savery qui a construit la première machine à vapeur, vers 1698. Son engin consistait en un dispositif simple qui pompait l'eau des mines inondées (les mines étaient souvent envahies par l'eau qui s'infiltrait dans les roches).

L'invention de Savery était peu efficace et dangereuse en raison des risques d'explosion qu'elle présentait. Elle fut améliorée en 1712 par le forgeron anglais Thomas Newcomen. Quelques années plus tard, pratiquement toutes les mines de charbon étaient équipées de la pompe de Newcomen. Mais le véritable « père de la machine à vapeur » est l'ingénieur écossais James Watt. Mon ami antiquaire Pietro Poussiero a mis la main sur une vieille lettre dans un encan d'objets anglais datant du 18e siècle. Il est catégorique : le signataire serait nul autre que James Watt.
En voici la traduction :

Machine à vapeur de James Watt

U̶G̶

Université de Glasgow

Chers parents,

novembre 1769

Vous vous souvenez du modèle réduit de la machine à vapeur de Newcomen qu'on m'avait demandé de réparer ? Eh bien, je suis heureux de vous annoncer que mes efforts ont porté fruits ! D'une modification à l'autre, j'ai fini par mettre au point une machine à vapeur complètement différente que je viens de faire breveter. Je songe déjà à la doter d'une sorte de vilebrequin qui produirait un mouvement circulaire plutôt qu'un simple va-et-vient. Je vous en donne des nouvelles !

Affectueusement,
Jimmy

James Watt

En 1782, James Watt dépose le brevet d'une nouvelle machine à vapeur à mouvement circulaire. Grâce à son balancier — un dispositif spécial qui permettait de transformer le mouvement de va-et-vient du piston en un mouvement de rotation de roue — la machine à vapeur de Watt était beaucoup plus efficace et pouvait dorénavant être utilisée dans plusieurs industries. Avec trois fois moins de charbon que le modèle de Newcomen, elle réussissait à actionner à elle seule 40 machines d'une usine. L'inventeur mesurait d'ailleurs l'énergie produite par ce puissant moteur en chevaux-vapeur, c'est-à-dire en nombre de chevaux qu'il remplaçait.

Vers 1880, certaines usines remplacent la vapeur par l'électricité. Même si de nos jours, la plupart des machines à vapeur ont laissé la place à des appareils plus efficaces, comme les moteurs électriques et à combustion interne, la vapeur continue de faire tourner les immenses turbines de plusieurs centrales électriques.

Le miracle de l'électricité

L'électricité est sans aucun doute une des grandes découvertes de tous les temps. Réalises-tu tout ce que nous pouvons faire grâce à elle ? L'ordinateur, la télévision, le système de son, le réfrigérateur, le four à micro-ondes et les dizaines d'autres appareils domestiques qui meublent notre quotidien fonctionnent tous à l'électricité ! Je me rappelle cet hiver 1998... Une tempête de verglas frappait alors une grande partie de l'Est de l'Amérique du Nord, privant d'électricité des millions de personnes. Tu devais être bien jeune à cette époque, mon ami. Pour ma part, j'habitais alors dans la grande région de Montréal, au Québec. Je me souviens très bien combien il était difficile pour les familles de vivre au quotidien. Préparer les repas, prendre son bain (sans eau chaude, bien sûr !), chauffer les maisons... chaque petit geste devenait une corvée incroyable pour nous qui sommes habitués à tourner un bouton pour faire apparaître la lumière ou la chaleur. L'électricité est une forme d'énergie bien mystérieuse. Plutôt que de te parler des petites particules à la base de son fonctionnement (les électrons que tu n'as probablement pas encore étudiés à l'école), j'ai choisi de te parler de sa découverte... En effet, l'électricité comme telle n'a pas été inventée. Les extraits présentés ici te permettront de constater qu'il s'agit d'un phénomène tout ce qu'il y a de plus naturel que les humains ont appris à apprivoiser après l'avoir découvert.

L'ambre et la découverte de l'électricité statique

Vers l'an -600, Thalès de Milet, un savant grec, avait observé qu'un morceau d'ambre frotté avec de la laine avait la particularité d'attirer à lui de petits objets légers comme des brins de paille ou des plumes. Cette force d'attraction est ce qu'on appelle l'électricité statique. Au milieu du 18e siècle, des savants avaient inventé des machines pour produire ce type d'électricité par frottement, sans toutefois leur trouver d'applications.

Encyclopédie des sciences, p. 68

L'ambre est une substance jaune durcie, qui provient de conifères morts depuis longtemps. Tu peux, toi aussi, expérimenter le phénomène de l'électricité statique en frottant un ballon gonflé sur tes cheveux, par exemple, et en le faisant coller sur le mur.

Benjamin FRANKLIN (1706–1790)

Benjamin Franklin, un politicien et physicien américain, observa que la foudre frappait de préférence les objets pointus. Persuadé que les nuages étaient chargés d'électricité, il proposa de récolter le « feu du ciel » à l'aide d'une pointe de métal. En 1752, Franklin fit voler un cerf-volant dans des nuages orageux. Le sommet de son cerf-volant était muni d'une pointe de métal. À l'autre extrémité de la ficelle, il attacha un ruban de soie et une clé. Franklin constata que de petits filaments de la ficelle se hérissaient et que le contact entre la peau et la clé créait une forte étincelle. Il réussit ainsi à démontrer que les nuages orageux étaient chargés d'électricité statique.

Inventeurs et inventions, p. 56

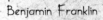

Benjamin Franklin

Paratonnerre relié au sol

L'observation de Franklin le conduit à inventer le paratonnerre, une tige de métal que l'on fixe à la partie la plus haute d'un édifice pour le protéger de la foudre. Le paratonnerre est relié à la terre par un fil conducteur. Plutôt que de frapper l'édifice, l'intense courant produit par l'éclair voyage à travers la tige de métal et est conduit vers le sol en toute sécurité.

Les savants qui ont découvert les manifestations de l'électricité n'ont pas tardé à imaginer tout ce que cette nouvelle forme d'énergie pouvait offrir. Jette un coup d'œil aux deux extraits ci-dessous.

Alessandro Volta

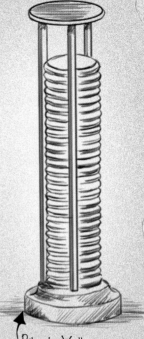
Pile de Volta

LA PILE ÉLECTROCHIMIQUE

En 1791, le professeur d'anatomie Luigi Galvani remarqua que des pattes de grenouilles mortes, suspendues à des crochets de cuivre disposés sur des rails en fer, se contractaient. Il conclut à tort que le phénomène était dû à une forme d'électricité animale. Un autre professeur italien, Alessandro Volta, réalisa que le phénomène était plutôt produit par le contact entre les supports métalliques utilisés dans l'expérience et le corps humide de la grenouille. En 1800, Volta eut l'idée d'empiler des rondelles de cuivre et de zinc (deux métaux) séparées par des tampons imbibés d'une solution acide. En reliant par un fil métallique le sommet et la base de sa pile, il produisit le premier courant électrique. La pile électrochimique était née !

Inventeurs et inventions, p. 143

Re : Objet : Fabriquer l'électricité
Date : 3 décembre 2004
À : professeur Génius

C'est effectivement en 1831 que le physicien britannique Michael Faraday trouva une solution de rechange aux piles. Il réussit à démontrer qu'un aimant en mouvement pouvait créer un courant électrique dans un fil ! Son expérience mena bientôt à la construction des premières dynamos, des machines produisant de l'électricité. Le 19ᵉ siècle venait d'hériter d'une source d'énergie incomparable ! Mais l'électricité était d'abord réservée aux usines et à l'éclairage public. Il a fallu attendre une cinquantaine d'années pour que tout le monde puisse profiter de la découverte de Faraday.

N'hésitez pas à faire de nouveau appel à moi si vous avez besoin d'autres précisions.

Paul Savant
Directeur du département des sciences et techniques
Université du Savoir

Le contact entre le zinc et l'acide de l'expérience de Volta produit une réaction chimique qui est transformée en énergie électrique, soit en électricité. Les piles que nous utilisons aujourd'hui fonctionnent selon le même principe.

En 1882, le génial Edison conçoit et teste un système de distribution d'électricité. Le 4 septembre de la même année, une petite centrale distribue les premiers kilowattheures à New York, dans un rayon d'un peu plus d'un kilomètre. Grâce aux travaux de l'Américain George Westinghouse, quelques années plus tard, le transport de l'électricité allait enfin pouvoir s'installer progressivement dans les foyers.

S'alimenter, un besoin vital

Pour se nourrir, nos ancêtres des cavernes cueillaient des graines, de l'herbe et des fruits, pêchaient le poisson dans les cours d'eau et chassaient le gibier. Pour subvenir à leurs besoins alimentaires, ces premiers humains devaient bien souvent suivre les troupeaux en migration s'ils voulaient s'assurer de quoi manger toute l'année. Nos habitudes alimentaires ont bien changé ! Les aliments sont produits en masse, transformés, conservés, traités, apprêtés de mille et une façons mais surtout, disponibles dans toutes les bonnes épiceries de quartier ! Les six prochaines pages de mon album seront consacrées à l'alimentation, un sujet... délicieux.

La terre nourricière

C'est sans doute après avoir observé que des graines dispersées par le vent pouvaient donner naissance à des plants que les humains inventèrent l'agriculture. Cette technique, apparue 10 000 ans avant notre ère dans les vallées fertiles de la Mésopotamie, révolutionna complètement la vie et les habitudes alimentaires des gens de l'époque. Encore aujourd'hui, l'agriculture est à la base de l'alimentation quotidienne de plusieurs peuples. Laisse-moi te présenter quelques inventions ingénieuses qui ont marqué son histoire.

Charrue à soc

Association des fermières et des fermiers d'aujourd'hui

Un brin d'histoire...

La charrue

La charrue est une des plus vieilles inventions de l'humanité. Aussi importante que la roue, elle allait permettre l'essor de l'agriculture — et de toute notre alimentation — en permettant de labourer de grandes superficies en peu de temps. Son ancêtre, l'araire, était déjà utilisé en Mésopotamie, il y a plus de 10 000 ans. Simple bout de bois pointu tiré par des bœufs, il allait bientôt se transformer en un lourd engin métallique tiré par des chevaux et, plus tard, par des tracteurs.

LE SEMOIR DE JETHRO TULL

« Un grain pour le pigeon, un pour le corbeau, un pour la pourriture et un pour la récolte. » Voilà un dicton qui en dit long sur l'efficacité de la méthode où l'on sème les graines à la volée. En 1701, un fermier anglais ingénieux, nommé Jethro Tull, inventa le premier semoir à blé. Cette nouvelle machine, tirée par des chevaux, ouvrait des sillons dans le sol et y laissait tomber les graines en lignes bien droites, au moyen d'un tube. Grâce à cette méthode, les graines pouvaient germer plus rapidement, sans être picorées par les oiseaux.

Inventeurs et inventions, p. 169

Araire

Charrue du 19ᵉ siècle

Semoir de Jethro Tull

Labourer consiste à aérer et à retourner la terre en vue de la prochaine récolte. Le labourage réalisé avec la charrue crée un sillon où seront déposées les graines.

Jethro Tull était un joueur d'orgue. Ce sont d'ailleurs les tuyaux de son instrument qui lui ont inspiré son idée du semoir à blé.

Les agriculteurs connaissent de grandes inquiétudes. Leurs récoltes sont menacées par les insectes, les micro-organismes et les mauvaises herbes; la terre de leurs champs, trop utilisée, devient plus pauvre en nutriments. À partir du 19ᵉ siècle, des produits chimiques entièrement fabriqués en laboratoire font leur apparition. Certains d'entre eux visent à protéger les récoltes, d'autres à en augmenter la quantité. Le tristement célèbre DDT, un insecticide puissant, est au nombre de ces substances.

LE PRIX NOBEL
POUR UN SUISSE

●●●

Le Suisse Paul Muller a remporté, plus tôt cette semaine, le Prix Nobel de médecine et de physiologie pour ses travaux sur le DDT. Rappelons que le physicien suisse avait réussi à démontrer, en 1939, que cette substance pouvait être très efficace pour tuer les insectes ravageurs des récoltes et lutter contre le paludisme, une maladie mortelle.

Article de journal de 1948

Des études menées dans les années 1960 ont révélé que le DDT s'accumule dans la graisse des poissons, des oiseaux et des mammifères et peut causer le cancer chez l'être humain. Ce composé voyage dans l'air sous l'action des vents. On en a même retrouvé des traces chez les peuples autochtones de l'Arctique ! Plusieurs pays, comme le Canada et les États-Unis, en interdisent dorénavant l'utilisation. Mais ne t'inquiète surtout pas. Les produits chimiques utilisés de nos jours font l'objet d'études sérieuses avant leur utilisation. De plus, un nombre croissant d'agriculteurs emploient des techniques de culture naturelles, ne requérant l'utilisation d'aucun produit chimique.

Moissonneuse-batteuse moderne

Faites l'envie de tous ! Procurez-vous la nouvelle

Moissonneuse McCormick !

Coupe un champ complet en quelques heures

Remplace plus de cinq employés

McCormick

Il y a un peu plus d'un siècle, la moisson, qui consiste à couper et à récolter les céréales, s'effectuait entièrement à la main. Tu peux facilement imaginer combien la moissonneuse de l'Américain Cyrus McCormick, inventée au début des années 1830, fut précieuse pour les fermières et les fermiers de l'époque ! Aujourd'hui, des moissonneuses-batteuses modernes, tirées par des tracteurs, coupent, ramassent et extraient les grains d'immenses récoltes en quelques heures à peine !

Des aliments pour tous les goûts

Lorsqu'ils explorèrent le Nouveau Monde, les grands navigateurs du 15ᵉ et du 16ᵉ siècles étaient certainement loin de se douter qu'ils y découvriraient des dizaines de nouveaux aliments tels que les haricots verts et les tomates. Au fait, savais-tu que le maïs est originaire de l'Amérique centrale ? Il a été introduit en Espagne, au Portugal et en Italie au début des années 1500 où il est vite devenu un aliment de base. La pomme de terre, qui vient du Pérou, a été quant à elle popularisée en France par un certain monsieur Parmentier, à partir de 1785. Les potages préparés à base de ce tubercule portent d'ailleurs son nom ! Notre alimentation quotidienne est riche d'histoires savoureuses. Laisse-moi t'en présenter quelques-unes, tirées de mon encyclopédie mondiale des aliments.

Le sandwich

Passionné par les jeux de table, le comte anglais Sandwich refusait obstinément de quitter ses activités pour s'alimenter convenablement. Un jour de l'an 1762, son malin cuisinier eut la brillante idée de lui servir un repas léger, composé d'une tranche de viande, coincée entre deux tranches de pain beurrées. Le sandwich venait de voir le jour !

Le pain

Une légende raconte que le pain fut inventé par hasard par un boulanger égyptien. Ce dernier aurait laissé plusieurs heures à l'air ambiant une bouillie de céréales. Contaminé par une levure sauvage ou par des bactéries de l'air, ce mélange aurait fermenté et levé sous la multiplication des micro-organismes présents dans la farine. Premiers boulangers professionnels, les Égyptiens sont également les inventeurs du four à pain.

Le beurre

Le beurre aurait été inventé en Inde, autour de l'an −1000. Dans l'Antiquité, il était utilisé dans les cérémonies religieuses et comme médicament. On s'en servait notamment comme onguent contre les infections de la peau et les brûlures. Ce n'est qu'à partir du 18ᵉ siècle que l'on voit apparaître le beurre sur les tables des familles aisées. À cette époque, le produit est cher et n'est malheureusement pas accessible à tous.

Le ketchup

La célèbre sauce aux tomates ketchup a vu le jour en 1876, aux États-Unis. C'est Henry Heinz, un industriel américain, qui eut la brillante idée d'aromatiser et d'épaissir du Ket-siap, un condiment déjà très répandu et apprécié en Chine et en Grande-Bretagne. La préparation au goût délicat et sucré, à la belle couleur rouge appétissante et d'une texture agréable fit rapidement fureur.

La crème glacée

Ce sont les Chinois de l'Antiquité qui inventèrent la crème glacée. La préparation originale était obtenue en mélangeant du miel et des fruits à de la neige. Ce délice ne tarda pas à se faire connaître hors des frontières du pays. La recette de la crème glacée fut introduite en Italie au 13e siècle par Marco Polo qui revenait d'un voyage en Chine. D'abord réservé aux tables des rois, ce dessert exquis remporta un succès immédiat et se répandit dans toute l'Europe puis, plus tard, en Amérique.

LES OGM À NOTRE SERVICE!

Des fraises plus juteuses, des pommes sans pépins, des choux-fleurs rouges ou bleus, du maïs plus résistant aux attaques des insectes ravageurs, des poissons qui grandissent plus vite… Tout ça est possible et bien plus encore ! Grâce aux progrès technologiques des dernières années, les OGM pourront répondre à nos moindres exigences alimentaires !

Article de journal de 1995

Les OGM, ou organismes génétiquement modifiés, contiennent des gènes empruntés à d'autres organismes vivants — les gènes sont les instructions chimiques qui déterminent les caractéristiques des êtres vivants. En modifiant les gènes de certains aliments, les scientifiques en améliorent certaines caractéristiques comme la couleur ou la résistance au froid ou à la chaleur. Bien qu'elle puisse sembler géniale, à prime abord, cette pratique est très controversée car on ne connaît pas les effets à long terme des OGM sur notre corps. Après tout, ne trouves-tu pas un peu étrange qu'une pomme de terre puisse hériter de gènes… de poissons ?

Les croustilles

Les croustilles auraient été inventées en 1853, dans la ville de Saratoga, aux États-Unis. Alors qu'il cherchait à satisfaire un client difficile qui se plaignait que les frites qu'on lui avait servies étaient trop épaisses, le chef cuisinier George Crum se mit à émincer des pommes de terre en tranches très fines. Un peu de sel, un peu d'huile et le tour fut joué ! La nouveauté de Crum connut un succès immédiat !

Les consommateurs sont de plus en plus soucieux de leur santé et de l'équilibre de l'environnement. Ils veulent manger des aliments de qualité, produits naturellement et qui ne contiennent aucun produit chimique. Un nombre sans cesse grandissant d'aliments dits « bio » (pour biologiques) voient le jour pour répondre à cette demande.

Les pâtes alimentaires

L'origine des pâtes alimentaires est revendiquée par plusieurs pays dont la Chine, le Japon, la France et l'Italie. Certaines sources affirment qu'elles furent introduites en Italie, à la fin du 13e siècle, par Marco Polo. Sans connaître leur véritable origine, on sait que la première fabrication industrielle de pâtes a eu lieu à Naples, en Italie, au début du 15e siècle. Quoi qu'il en soit, les Italiens en sont aujourd'hui les maîtres incontestés.

Savais-tu que la clémentine a été « inventée » ? Elle est née en 1900 du croisement entre un oranger et un mandarinier.

La conservation

Les êtres humains de l'Antiquité utilisaient déjà des techniques leur permettant de conserver leur nourriture. Le séchage, par exemple, empêchait les aliments de pourrir, parce qu'il privait les microbes de l'humidité dont ils ont besoin pour croître.

Le fumage, pour sa part, permettait la conservation des aliments, grâce à l'action de substances spéciales, provenant de la fumée, qui empêchaient la croissance des microbes. Les 200 dernières années ont vu naître des techniques de conservation de plus en plus sophistiquées, telles que l'appertisation, la stérilisation et la congélation. Voici quelques renseignements intéressants à ce sujet.

Louis Pasteur

Louis PASTEUR (1822–1895)

Chimiste et biologiste français, Pasteur étudia la fermentation (transformation de substances sous l'action de microbes) et expliqua le lien entre les microbes et la maladie. Le principe de la « pasteurisation », nommé en son honneur, consiste à faire chauffer un liquide sans le faire bouillir et à le refroidir subitement. Les microbes sont ainsi supprimés, ce qui permet une conservation plus longue de certains aliments. Plusieurs boissons, dont le jus et le lait, sont pasteurisées.

Inventeurs et inventions, p. 141

Des aliments bien « conservés »

Vous pouvez maintenant conserver des aliments à température ambiante aussi longtemps que vous le désirez ! Les conserves de fer blanc de monsieur Peter Durand assurent une excellente qualité aux aliments et préservent leurs propriétés nutritives. Gâtez votre famille : adoptez la conserve !

Vie d'Aujourd'hui, 1810

La technique permettant la fabrication des conserves s'appelle « l'appertisation ». Elle a été inventée en 1795 par le confiseur français Nicolas Appert. Le procédé consiste à emballer de manière hermétique (en empêchant le passage de l'air et de l'eau) des aliments préalablement stérilisés. La stérilisation est une opération consistant à chauffer les aliments à une température très élevée, de manière à tuer les microbes qui pourraient les altérer. Les premières conserves de Nicolas Appert étaient des bocaux de verre fermés par des bouchons de liège. L'Anglais Peter Durand inventa, une quinzaine d'années plus tard, les conserves de fer blanc.

À partir du 19e siècle, une foule d'inventions ont vu le jour pour faciliter les corvées alimentaires. Voici une petite ligne du temps qui t'en présente quelques-unes.

1855
Ouvre-boîte

1922
Mélangeur

1926
Grille-pain
automatique

1932
Pilon

Le réfrigérateur, d'hier à aujourd'hui

Les Grecs et les Romains de l'Antiquité connaissaient déjà le pouvoir de la réfrigération. Ils entassaient de la glace et de la neige dans des fosses profondes qu'ils recouvraient de paille isolante pour les empêcher de fondre trop rapidement. Ces glacières primitives permettaient de conserver la viande pendant des mois. Jusqu'à la fin du 19e siècle, plusieurs pays utilisaient des glacières (armoires de bois ou d'acier contenant des blocs de glace) pour conserver les aliments au frais. Le réfrigérateur électrique, utilisant un gaz réfrigérant, a été inventé au début des années 1920 par les ingénieurs suédois Balzer von Platen et Carl Munters. Il ne fit son apparition dans les foyers que quelques années plus tard.

Historia, p. 489

Le froid empêche ou ralentit la croissance des microbes. Les réfrigérateurs modernes conservent les aliments à une température variant de 1 à 8 °C, ce qui permet de les conserver pendant des jours. Les congélateurs préservent les aliments à une température variant de -7 à -20 °C, conservant ainsi les denrées pendant plusieurs mois.

Vieille publicité de 1912

Cuisinez à l'électricité

FINI le bois, le feu à attiser, les cendres à ramasser et les inconvénients de la cuisson au gaz.

Essayez la nouvelle cuisinière électrique **General Electric**. Sécuritaire et économique !

La cuisson

Peu après avoir découvert le feu, les hommes et les femmes de la préhistoire ont inventé la cuisson des aliments. Cette technique permet d'éliminer les microbes parfois contenus dans ces derniers et facilite aussi leur ingestion et leur digestion. De la braise à ciel ouvert à la cuisinière électrique, bien des choses ont changé !

Jusqu'à la fin du 19e siècle, la cuisinière domestique fonctionnait au feu de bois, au charbon ou au gaz. Le début du 20e siècle vit l'apparition de la cuisson sans flammes. Les premières cuisinières électriques se composaient de ronds, chauffés à l'électricité, et d'un grilloir. Ces cuisinières, beaucoup plus légères, étaient pourvues d'un tiroir de rangement sous le four, à l'emplacement anciennement réservé à la boîte à feu et à cendres. Grâce au thermostat, inventé aux États-Unis en 1915, on put contrôler la température des fours de manière automatique.

La révolution des ondes

Pratique pour réchauffer une tasse de lait ou pour décongeler la viande, le four à micro-ondes, inventé en 1946, s'imposera sans doute rapidement dans les foyers. Son fonctionnement ? Le magnétron, un tube spécial situé au cœur de l'appareil, produit des micro-ondes, des ondes électromagnétiques capables de traverser les aliments. Les ondes font vibrer les particules d'eau contenues dans les aliments. L'énergie ainsi produite génère de la chaleur qui peut cuire ou simplement réchauffer.

Vie d'Aujourd'hui, 1967

1945
Plats surgelés

1948
Autocuiseur

1953
Plateau TV garni

23

1954
Poêle en teflon

1971
Robot de cuisine

Inventer notre quotidien

Le développement de l'agriculture a profondément bouleversé l'organisation des peuples. Les familles se sont dès lors regroupées de manière à partager les ressources alimentaires disponibles. Les premiers villages sont apparus et ont grossi jusqu'à devenir des villes. Vers l'an -3700, les premières cités comptaient déjà des milliers d'habitants. Pour vivre ensemble de manière harmonieuse et sécuritaire, les habitants des villes ont dû « organiser » leur vie quotidienne. De nombreuses inventions sont nées de ces nouveaux besoins. Elles sont si nombreuses que j'ai choisi d'y consacrer les huit prochaines pages de cet album.

S'abriter

En devenant fermiers, les premiers hommes ont laissé tomber leurs huttes de branchages ou d'os de mammouths recouverts de peaux d'animaux et les ont remplacées par des abris plus solides et durables.

Les premières maisons

Les premières maisons, plutôt modestes, apparaissent il y a environ 10 000 ans. Elles sont faites de briques d'argile et de paille, moulées à la main et séchées au soleil. Près de 3 000 ans plus tard, les Sumériens construisent des habitations un peu plus élaborées, faites de briques moulées cuites au four, qu'ils installent avec une sorte de goudron naturel servant de mortier. Dès -2400 environ, les familles de la vallée de l'Indus, un fleuve d'Asie, habitent de confortables maisons de brique. Ces résidences à un étage sont construites autour d'une cour intérieure.

Vie d'Aujourd'hui, 1943

Voici une photo de la magnifique ville de Bam que j'ai prise lors de mon voyage dans le sud de l'Iran, en 1995. Construites il y a plus de 2 000 ans, les maisons et la citadelle de la ville historique étaient entièrement faites de briques de boue, d'argile et de paille séchée. Malheureusement, ce trésor de l'histoire a été en grande partie détruit par un terrible tremblement de terre survenu le 26 janvier 2004, causant la mort de plus de 40 000 personnes.

Voici quelques objets bien pratiques, à l'école ou à la maison, qui ont été inventés au fil des siècles pour améliorer notre vie. Ma ligne du temps débute ici, en l'an -8000 et se terminera en 1980, à la page 31...

-8000
Peigne

-4000
Épingle, corde

-3700
Maquillage

-3500
Miroir

-3000
Colle, clous, parfum, savon

Compter et mesurer

Tu imagines bien qu'une « poignée » de ceci ou un « gros pouce » de cela n'est pas ce qu'il y a de plus précis quand vient le temps d'acheter des marchandises. Toutes sortes d'inventions sont apparues pour faciliter l'achat de biens. Il y a la monnaie, bien sûr, mais aussi tous ces instruments qui servent à mesurer la longueur, le poids ou le volume de ce que l'on vend ou achète. En voici un bref aperçu.

Les soldats romains étaient payés en sel, ou « sal » en latin. Ce mode de paiement ancien est à l'origine du mot « salaire ».

Pièces de monnaie

Petite histoire de l'argent

Avant l'invention de l'argent, les gens échangeaient un objet ou un service contre un autre. C'était le troc. Puis, peu à peu, on commença à payer avec de simples objets, comme des coquillages, du sel ou du bétail. Un système de pièces de monnaie métalliques fut mis de l'avant par un roi de Lydie, vers -700. Ce système très pratique fut vite adopté par les pays voisins. La monnaie en papier fit son apparition beaucoup plus tard, soit au 11e siècle en Chine, et au 17e siècle en Europe. C'est à cette même époque que le paiement par chèque fut mis en vigueur en Angleterre. Il faudra ensuite attendre jusqu'en 1950 pour que la carte de crédit fasse son apparition.

Historia, p. 312

4590 3098 4578 7837
10/01 10/08

Carte de crédit

10 EURO

Billets de banque

Pesée des denrées au 10e-12e siècle

Des poids et des mesures

Les premiers systèmes de poids et de mesures ont été inventés par les Babyloniens et les Égyptiens il y a plus de 6 000 ans. Avec le développement du commerce, des méthodes fiables de mesure sont devenues nécessaires. Vers l'an -3500, les Égyptiens inventent la balance à plateaux qu'ils utilisent avec de petites pierres étalons, c'est-à-dire des pierres utilisées comme unités de mesure pesant toujours la même chose. Quelque 1 500 ans plus tard, grâce au travail des métaux, les pesées sont remplacées par des petits poids moulés dans le bronze et le fer. À la même époque, les Mésopotamiens utilisent le premier instrument de mesure de longueur, une règle graduée en cuivre.

Scientifiquement vôtre, mars 1999

Le système de mesure le plus couramment utilisé de nos jours, le système métrique avec ses grammes et ses mètres, a été introduit en France vers 1795.

-2000
Cadenas

-1500
Ciseaux

0

105
Papier

Au cours des siècles, les villes se développent. Les travaux de la ferme sont dorénavant réservés aux campagnes. Dès le 19e siècle, les nouvelles usines des villes attirent de nombreuses familles qui viennent y chercher de l'emploi (en partie à cause de la machine à vapeur, dont je t'ai parlé à la page 14). Dans ces villes de plus en plus grandes et peuplées, la propreté laisse malheureusement à désirer. Les égouts qui acheminent les eaux chargées de déchets provenant des toilettes, éviers et lavabos n'existent pas et les ordures sont jetées dans les rues. Heureusement, d'énormes progrès seront vite réalisés dans le domaine de l'hygiène publique. À la même époque, les villes deviennent non seulement plus propres mais aussi plus sécuritaires, grâce à l'éclairage public qui les rend moins sombres la nuit.

Les égouts

Les premiers égouts sont apparus au Pakistan, vers l'an -2500. Il s'agissait de canaux qui acheminaient les eaux usées des maisons le long des rues. Quelques anciennes cités grecques et romaines étaient aussi pourvues de tels systèmes. D'abord construits à ciel ouvert, ils furent ensuite recouverts de briques. Après la chute de l'Empire romain, les égouts se sont détériorés et ont été oubliés pendant des siècles. Les premiers égouts modernes ont été installés sous les rues de Hambourg, en Allemagne, en 1843.

Vie d'Aujourd'hui, 1967

Objet : Poubelle
Date : 24 janvier 2004
À : professeur Génius

Cher ami,

J'ai consulté les archives électroniques de la bibliothèque nationale du grand Paris. Voici donc l'information que vous cherchiez concernant l'inventeur de la « poubelle ».

Bien à vous,
Votre amie Ea Ping

Monsieur Eugène-René Poubelle, gouverneur de la grande région parisienne, a déposé ce midi un projet de loi exigeant que chaque propriétaire installe, au bas de son immeuble, un grand contenant pour recueillir les déchets de tous ses locataires. Les ordures ménagères devraient par la suite être acheminées par charrettes, en dehors de la ville. Cette loi prendra effet sous peu. « Voici Paris » tient à féliciter Monsieur le gouverneur pour cette initiative novatrice qui aura sans aucun doute un impact retentissant sur la propreté de notre belle ville.

Voici Paris, mars 1884

1270
Lunettes

1550
Écrou, boulon et clef

1564
Crayon

1648
Dé à coudre

1705
Parapluie pliant

ÉCLAIRAGE PUBLIC

Jusqu'au 19e siècle, les rues des villes n'étaient pas éclairées, sauf par la faible lumière des lampes à huile installées à l'entrée des maisons. La production d'un gaz servant à l'éclairage fut brevetée en 1797 par Philippe Lebon, un ingénieur français. C'est Frederick Winsor, un homme d'affaires allemand, qui fut le premier à l'utiliser pour éclairer les rues de Londres, en 1807. Vers 1830, toutes les grandes villes d'Europe et d'Amérique étaient éclairées par des réverbères qui devaient être allumés et éteints matin et soir à la main. Ce système fut remplacé graduellement par des lampadaires électriques vers la fin du 19e siècle.

Inventeurs et inventions, p. 42

À partir de la fin du 19e siècle, le visage des grandes villes est complètement transformé par l'apparition des gratte-ciel.
Le premier gratte-ciel doté d'une structure d'acier, le « Home Insurance Building » de 10 étages, fut construit à Chicago de 1884 à 1885. Des immeubles de plus de 50 étages suivront.

Home Insurance Building, Chicago

DÉMONSTRATION ÉPOUSTOUFLANTE !

Le fondateur de l'Otis Steam Elevator Company était au rendez-vous, hier, pour présenter sa dernière invention dans le cadre de l'exposition de New York. Installé sur une plate-forme suspendue à plus de 12 mètres du sol, Elisha Otis a réalisé une démonstration époustouflante de son tout nouveau système de freinage. Après avoir fait couper le câble de la plateforme, l'ancien mécanicien s'est calmement adressé aux spectateurs ébahis en soulevant son chapeau haut de forme : « Tout va bien mesdames et messieurs ! » Il venait de démontrer qu'en cas de rupture du câble, l'astucieux frein de sécurité empêchait l'ascenseur de tomber.

Elisha Otis au Crystal Palace de New York

Le Quotidien New Yorkais, mai 1854

MES RECORDS

Le plus haut gratte-ciel

La tour Taïpei 101, située sur l'île de Taïwan, est le plus haut gratte-ciel au monde. Elle compte 101 étages et mesure plus de 508 m de hauteur. Ses ascenseurs à deux étages, qui atteignent des vitesses de près de 70 km/h, sont les plus rapides au monde.

Trois ans après sa convaincante démonstration, Otis installait à New York le premier ascenseur sécuritaire dans un magasin de cinq étages. Cet ascenseur, qui pouvait accueillir cinq ou six personnes à la fois, se déplaçait très lentement, soit à 12 m/min. Il était alors plus rapide de grimper les escaliers à pied !

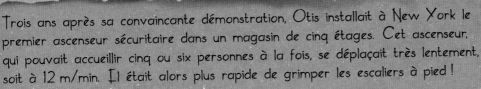

1752
Gomme à effacer

1760
Vis

1770
Fausses dents en porcelaine

1780
Brosse à dents

Le confort chez soi

Tourner le robinet, tirer la chasse d'eau, appuyer sur un interrupteur, ajuster le thermostat... Voilà de petits gestes simples que nous posons plusieurs fois par jour, sans nous poser trop de questions. Les grandes commodités de la maison sont apparues bien tardivement dans l'histoire des villes. Le chauffage et l'éclairage électriques, par exemple, ne sont apparus qu'il y a environ 100 ans. Tu imagines bien que la vie au cœur des maisonnées s'en est trouvée profondément transformée. Pourrais-tu aujourd'hui renoncer à ce confort ?

Bien au chaud

Depuis la découverte du feu, le besoin d'avoir chaud a inspiré bon nombre d'inventions ingénieuses dont l'hypocauste, le chauffage par le sol des Romains, vers l'an 100, et le poêle à bois fermé de Benjamin Franklin, en 1740. En 1856, une compagnie d'Angleterre fabrique le premier radiateur à gaz. Les modèles vont se multiplier jusqu'en 1881, lorsqu'un nouveau système de chauffage au gaz produisant davantage de chaleur est mis au point. Le premier radiateur électrique composé d'un système de fils se réchauffant au passage du courant fut commercialisé en 1913.

Vie d'Aujourd'hui, 1967

Poêle Franklin

Au début du 19e siècle, les scientifiques savaient qu'un filament métallique chauffé par le courant électrique émettait de la lumière. Mais personne n'était arrivé à en fabriquer un pouvant résister à une température élevée jusqu'à ce que l'Américain Thomas Edison et le Britannique Joseph Swan trouvent la solution, chacun de son côté, et mettent au point la lampe à incandescence en 1879.

Voici comment elle fonctionnait :

La lampe à incandescence de 1879 est constituée d'un filament de carbone placé dans une ampoule de verre. Parcouru par le courant électrique, le filament devient incandescent, c'est-à-dire qu'il devient si chaud qu'il se met à briller, et fournit de la lumière pendant environ deux heures. Les ampoules d'aujourd'hui fonctionnent selon le même principe mais avec de nouveaux matériaux leur permettant d'éclairer pendant plus de 10 000 heures.

Comment ça marche ?, p. 79

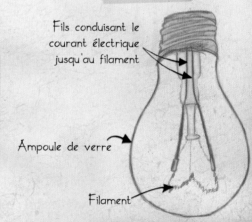

Fils conduisant le courant électrique jusqu'au filament

Ampoule de verre

Filament

À partir de 1892, les usines de la compagnie américaine General Electric produisent plus de 100 000 ampoules par an ! Pour en savoir plus sur l'esprit inventif de Thomas Edison, consulte l'extrait de la page 11.

1800
Pile électrique

1827
Allumette

1841
Tube dentifrice

1849
Épingle de sûreté

1857
Papier hygiénique

L'eau courante apparaît dans les maisons durant la seconde moitié du 19e siècle. À chaque robinet correspond une conduite d'arrivée d'eau potable (une pour l'eau chaude et une pour l'eau froide) ainsi qu'un tuyau qui entraîne les eaux salies vers les égouts. Ces installations sanitaires ont rendu notre vie plus saine et ont permis l'avènement des douches et des toilettes à chasse d'eau.

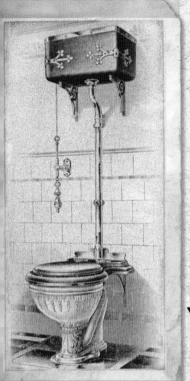

Un des premiers modèles de toilettes à chasse d'eau

Cher Génius,

J'aimerais bien savoir quand les toilettes ont été inventées ?

Merci,
Luca

L'inventeur des premières toilettes était un poète anglais du nom de John Harington. Son modèle à chasse d'eau, inventé en 1596, a été perfectionné en 1775 par l'Anglais Alexander Cumming. Il a toutefois fallu attendre le 19e siècle pour que l'usage de la toilette se répande dans les villes, dorénavant équipées d'égouts et d'eau courante.

VOUS ÊTES CORDIALEMENT INVITÉS À VENIR VISITER LE PREMIER **SALON DES ARTS MÉNAGERS,** QUI AURA LIEU DU **18 OCTOBRE AU 4 NOVEMBRE 1923, À PARIS.** VENEZ RÊVER DEVANT NOS MODÈLES DE MACHINES À LAVER LA VAISSELLE OU LE LINGE, ROBOTS MÉNAGERS, ASPIRATEURS, FERS À REPASSER ET AUTRES MERVEILLES ÉLECTRIQUES.

La lessive a toujours été considérée comme une des pires corvées domestiques. Avec les premières laveuses automatiques, fabriquées au début des années 1950, il ne restait qu'à trier le linge et la machine faisait le reste ! Je t'avoue que je m'ennuie parfois des lundis matins où, tout petit, j'aidais maman à tordre le linge mouillé.

Ce carton d'invitation a appartenu à mon grand-père. Ma mère se plaisait à raconter qu'il avait été complètement époustouflé par les découvertes qu'il avait faites à ce premier salon des arts ménagers. Ce n'est pas surprenant, puisqu'à cette époque, on faisait la cuisine, le ménage, l'entretien du jardin, bref, tout à la main ! Pour beaucoup de gens, ces tout nouveaux appareils électroménagers étaient trop chers, sans compter que plusieurs maisons n'étaient pas encore connectées aux nouvelles lignes électriques. Mais après la Seconde Guerre mondiale, de nombreuses femmes chargées des corvées ont commencé à travailler à l'extérieur. Elles se sont laissé tenter par ces appareils pratiques qui promettaient de leur faire gagner du temps !

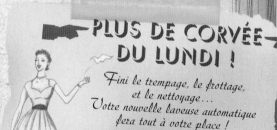

PLUS DE CORVÉE DU LUNDI !

Fini le trempage, le frottage, et le nettoyage…
Votre nouvelle laveuse automatique fera tout à votre place !

1. Se remplit d'eau seule
2. Lave vos vêtements
3. Les rince trois fois plutôt qu'une
4. Les essore
5. S'auto-nettoie
6. S'éteint toute seule

1868
Agrafe

1885
Bouton-pression

1893
Fermeture à glissière

Des objets pour tous les goûts

Chaque jour, nous utilisons des dizaines de petits objets comme des boutons, des épingles, des cintres, des parapluies, des crayons ou des sacs en plastique. Imagine un peu ce que serait notre vie sans eux. Ma ligne du temps des quatre dernières pages t'en a déjà présenté plusieurs. Il y aurait tellement à te raconter... mais je manque malheureusement d'espace. Voici un petit collage provenant de sources diverses qui, je l'espère, t'en apprendra un peu plus sur le sujet.

MES RECORDS

L'objet le plus breveté

Depuis son invention, en 1780, la brosse à dents a reçu plus de 30 000 demandes de brevets. Elle détient le record de l'objet le plus breveté.

Plusieurs objets ont été inventés pour nous aider à prendre soin de notre corps. Pense seulement aux peignes, brosses à dents, mouchoirs, parfum, maquillage... Et comme le montre le record ci-dessus, plusieurs de ces objets pratiques continuent d'évoluer au gré des matières et des technologies nouvelles.

Premiers désodorisants

Chez les Romains, le parfum était utilisé par toutes les classes de la société. Il servait surtout à couvrir les odeurs corporelles, mais aidait aussi à enrayer la mauvaise haleine. Les Romains aisés parfumaient les différentes parties de leur corps avec divers parfums. Lors de banquets, ils aspergeaient leurs invités allongés sur des couches parfumées. Les murs de leurs salles de bains étaient également vaporisés.

Vie d'Aujourd'hui, 1986

Nous vivons maintenant à l'Âge du plastique ! Depuis la création du premier plastique, le bakélite, en 1909, ce matériau synthétique a littéralement envahi notre vie. Regarde autour de toi et fais la liste des objets de plastique. Impressionnant, n'est-ce pas ? Résistant et facile à mouler, le plastique a aussitôt remplacé le métal des poudriers, l'ivoire des touches du piano, le bois des peignes ou le papier des sacs à lunch. Malheureusement, il n'est pas toujours recyclable et sa nouvelle gamme de produits jetables encourage le gaspillage.

LE BOUTON À QUATRE TROUS

Depuis le tout premier bouton inventé par les anciens Romains, tous les boutons étaient percés de deux trous jusqu'à ce que, en 1872, un fabricant de vêtements et de boutons, Alexandre Massé, ait une idée de génie. Comme sa clientèle se plaignait que les boutons ne tenaient pas, l'industriel français eut l'idée d'ajouter deux petits trous supplémentaires aux boutons à deux trous pour les fixer plus solidement. Sa découverte fut une véritable révolution dans l'habillement !

Inventeurs et inventions, p. 19

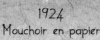

1900
Trombone

1901
Lame de rasoir

1907
Montre-bracelet

1924
Mouchoir en papier

1930
Ruban adhésif

Nos lointains ancêtres confectionnaient déjà des vêtements. Conçus à l'origine pour protéger les gens du froid, les vêtements sont devenus de plus en plus spécialisés au fur et à mesure que l'on créait de nouvelles fibres et que les techniques de filage, de tissage ou de confection se perfectionnaient.

Objet: La soie
Date : 10 mars 2004
À : professeur Génius

Cher Génius,

Voici l'information que vous m'avez demandée.
On raconte que c'est Leizu, l'épouse de l'empereur chinois Huangdi, qui aurait découvert le fil de soie. Alors qu'elle prenait le thé, confortablement installée à l'ombre d'un mûrier, un cocon serait tombé dans sa tasse. En le saisissant pour le retirer, il se serait déroulé… Voici également d'autres renseignements concernant l'élevage des vers à soie en Chine :

" Les Chinois pratiquent la sériciculture, ou l'élevage des vers à soie, depuis plus de 4 000 ans. Les vers à soie sont les larves d'un papillon, le bombyx du mûrier. Nourris des feuilles de cet arbuste, les vers se tissent un cocon. Il s'agit ensuite de brosser les cocons ramollis dans l'eau chaude pour en retirer les fils de soie. Le secret de sa fabrication, jalousement gardé par les Chinois pendant des milliers d'années, ne sera révélé aux Européens que vers 555. "

Bien à vous,
Votre amie Ea Ping

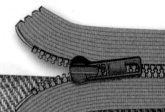

Grâce à leur nouvelle méthode consistant à renforcer les coins des poches avec des rivets de cuivre, Jacob Davis et Levi Strauss ont créé

UN PANTALON INUSABLE

Procurez-vous sans tarder ce tout nouveau vêtement de travail robuste et pratique.

Pas besoin d'être mineur, bûcheron ou cowboy pour les porter !

Vieille publicité de jeans, de 1874

Jusqu'à la fin du 19e siècle, les systèmes de fermeture et d'attache utilisés dans la confection de chaussures et de vêtements consistaient en boutons, lacets et agrafes. En moins de temps qu'il ne le faut pour dire snap ou zip, ils ont été remplacés par les tout nouveaux boutons-pression et fermetures à glissière. Sauf quelques améliorations, aucun nouveau fermoir ne fera son apparition jusqu'à l'arrivée du Velcro®.

LE VELCRO®

En constatant que des fruits de bardanes restaient accrochés à ses vêtements, l'ingénieur suisse Georges de Mestral eut l'idée de les observer au microscope. Il constata que les poils du fruit avaient la forme de minuscules crochets pouvant s'agripper aux boucles des tissus. Il imagina alors une fermeture faite de deux bandes de tissu, l'une recouverte de minuscules crochets, l'autre de minuscules boucles. Son invention, brevetée en 1951, est appelée Velcro® (velours-crochet). C'est un système d'attache solide qui s'ouvre et se ferme facilement.

Inventeurs et inventions, p. 190

Fruit de la bardane

Velcro® vu au microscope

1951
Bande Velcro®

1956
Correcteur blanc liquide

31

1963
Stylo-feutre

1980
Post-it®

Des lettres et des chiffres

Les lettres et les chiffres font à ce point partie de nos vies que nous oublions presque qu'ils n'ont pas toujours existé ! Je t'avoue qu'il est difficile de situer leur apparition dans le temps. Nous savons toutefois que les premiers humains ont rapidement ressenti le besoin de raconter leur quotidien, d'échanger des pensées, de l'information, de compter les jours, les années, d'évaluer les récoltes produites et les récoltes à venir. De ces besoins sont nés de petits symboles géniaux qui ont profondément bouleversé nos vies... Les quatre pages qui suivent t'apprendront l'essentiel de ce que nous savons sur ces inventions incomparables.

Le pouvoir des mots

L'écriture, telle que nous la connaissons aujourd'hui, est assez récente dans l'histoire des êtres humains. Elle est le résultat d'une incroyable transformation.

Les peintures rupestres

Les hommes de la préhistoire nous ont légué de magnifiques peintures sur les parois des grottes. Ces pictogrammes, datant de plus de 45 000 ans, racontent en images la vie de tous les jours de nos lointains ancêtres.

MUSÉE D'HISTOIRE NATURELLE

Les Sumériens auraient progressivement inventé la première véritable écriture, il y a plus de 5 000 ans. Cette écriture, dite « cunéiforme », qui signifie « en forme de clous », était formée d'environ 2 000 symboles différents représentant chacun un mot ! Au fil des siècles, l'écriture cunéiforme a beaucoup changé. Les dessins représentant des objets se sont transformés en formes plus abstraites. Je te laisse constater par toi-même l'impressionnante évolution du mot « oiseau » :

Même si les pictogrammes sont très anciens, il n'en demeure pas moins que nous les utilisons toujours. Les panneaux d'avertissement et de circulation sont des pictogrammes pratiques qui peuvent être compris rapidement par tous. En voici quelques-uns. Les reconnais-tu ?

Pictogramme
Symbole ou dessin représentant un objet concret. Les dessins des cavernes étaient des pictogrammes.

Incroyable mais vrai !

par C. Surprenant

Mystérieux hiéroglyphes

Les hiéroglyphes égyptiens furent déchiffrés il y a à peine 200 ans ! Leur message demeura un secret jusqu'au jour où le Français Pierre-François-Xavier Bouchard découvrit une grande pierre dans la ville de Rosette, en Égypte. Cette pierre portait des inscriptions gravées en trois langues différentes, dont l'égyptien et le grec. Le professeur d'histoire et linguiste français Jean-François Champollion, qui savait déjà lire le grec, compara entre eux les textes de la pierre de Rosette et réussit à traduire les hiéroglyphes !

Scientifiquement vôtre, janvier 2004

Cher ami,

Je vous souhaite bonne chance pour vos cours d'écriture chinoise. Les caractères utilisés en chinois sont des idéogrammes, des pictogrammes et des idéophonogrammes — des signes représentant des sons. Le plus difficile est d'apprendre à les reconnaître puisqu'il y en a plus de 40 000 ! Saviez-vous que les caractères chinois qui sont utilisés aujourd'hui sont les mêmes que ceux qui ont été inventés il y a plus de 2 000 ans ?

Amitiés,

Ea Ping

Idéogramme
Symbole souvent abstrait représentant un mot ou une idée. Les hiéroglyphes, les symboles de l'écriture cunéiforme et ceux de l'écriture chinoise sont formés d'idéogrammes.

Hiéroglyphes

Crocodile

Serpent

L'alphabet, de A à Z

L'ancêtre de notre alphabet moderne fut inventé par les Phéniciens, vers -1300. Il consistait en une série de 22 consonnes qui représentaient tous les sons possibles de la langue de ce peuple. Vers -800, les Grecs améliorent l'invention : ils changent certaines consonnes en voyelles et ajoutent la ponctuation. Ils nomment cette suite de lettres « alphabet », un mot qui combine les noms grecs des deux premières lettres de la série, « alpha » et « bêta ». Environ 400 ans avant notre ère, les Romains s'inspirent de l'alphabet grec et se dotent d'un alphabet de 19 lettres auxquelles viendront se greffer un peu plus tard sept autres lettres. C'est l'alphabet que nous utilisons encore aujourd'hui.

Historia, p. 724

Les premiers écrits étaient gravés sur l'argile, la roche, le bois, le bambou et les os. Les Égyptiens furent les premiers à utiliser un matériau souple et pratique obtenu à partir de tiges de papyrus (une plante qui pousse sur les bords du fleuve Nil, en Égypte). Environ 100 ans après le début de notre ère, les Chinois inventèrent une méthode pour faire du papier avec de la pulpe d'arbre. Pratique, efficace et peu dispendieuse, elle fut vite adoptée par plusieurs peuples.

Jette un coup d'œil à ce petit tableau. Il te montre l'évolution d'une partie de notre alphabet, des Phéniciens aux Romains. (Les Phéniciens habitaient la Phénicie, une région correspondant aujourd'hui à Israël, le Liban et la Syrie.)

Phénicien	𐤀 𐤁 𐤂 𐤃 𐤄 𐤅 𐤆 𐤇 𐤈 𐤉 𐤊 𐤋 𐤌 𐤍 𐤏 𐤐 𐤑 𐤒 𐤓 𐤔 𐤕
Grec classique	Α Β Γ Δ Ε Ϝ Ζ Η Θ Ι Κ Λ Μ Ν Ο Π Φ Ρ Σ Τ
Romain moderne	A B G D E F Z H I K L M N O P Q R S T

Les lettres et l'écriture ont véritablement révolutionné nos vies... et celles de nos ancêtres. Mais la véritable révolution s'est produite lorsque l'Allemand Johannes Gutenberg inventa l'imprimerie à caractères métalliques mobiles, en 1450. Imagine : avant cette invention, chaque ouvrage était recopié à la main par des moines, au rythme de trois ou quatre pages par jour. On devine que les livres étaient extrêmement rares et dispendieux. Jette un coup d'œil à l'extrait ci-dessous. Il t'apprendra comment fonctionnait la fameuse invention de Gutenberg.

Grâce à sa presse, Gutenberg put imprimer 300 pages par jour. L'invention fit sensation ! On put reproduire en peu de temps le même texte autant de fois qu'on le souhaitait. En 1456, Gutenberg et ses associés terminèrent le premier grand livre imprimé, une bible de 1 282 pages, tirée à plus de 200 exemplaires. En 1480, des dizaines de grandes villes avaient leurs ateliers d'imprimerie. Entre 1450 et 1500, 20 millions de livres furent imprimés et entre 1500 et 1600, près de 200 millions d'ouvrages furent distribués dans toutes les couches de la société. Le prix des livres diminua rapidement et les ouvrages furent imprimés en diverses langues. Le savoir devint accessible à tous et les nouvelles idées se répandirent à fond de train.

Les trésors de génie, p. 48

L'imprimerie à caractères mobiles

Un métal liquide est versé dans plusieurs petits moules. En refroidissant, le métal forme des blocs distincts avec, sur chacun, un caractère en relief. Ces caractères sont ensuite placés bout à bout pour former des mots, des lignes et enfin, toute une page, maintenus à l'aide d'un cadre. Le cadre est fixé sous la presse, puis les caractères qu'il contient sont recouverts d'encre. Une feuille de papier est déposée sur le cadre et la presse est actionnée. Le papier est pressé sur les caractères encrés, une page est imprimée et réimprimée à volonté, en autant qu'une nouvelle feuille soit placée sur le cadre. Quant aux petits caractères mobiles, ils pourront être réutilisés pour d'autres mots et d'autres pages.

Comment ça marche ?, p. 93

Les chiffres et le calcul

Les chiffres sont des symboles abstraits, des figures qui ne représentent rien. Tu conviendras avec moi qu'il fallait beaucoup d'imagination pour les inventer ! Près de 4 000 ans avant notre ère, les Sumériens utilisaient de petits objets d'argile de formes et de grosseurs variées pour représenter les nombres. Par exemple, un petit cône exprimait le chiffre 1, une bille équivalait au nombre 10 alors qu'un grand cône représentait le nombre 60. Ces petits objets étaient appelés calculi — ils sont d'ailleurs à l'origine du mot calcul. Vers l'an -3000, les calculi sont gravés sur des tablettes d'argile. Le petit cône prend dorénavant la forme d'une fine encoche, la bille devient une empreinte circulaire et le grand cône est transformé en une encoche épaisse. Ce sont les plus vieux chiffres connus de l'histoire.

Les peuples grec, romain et arabe ont longtemps utilisé des lettres comme chiffres. Voici quelques nombres tirés de l'ancien système romain de numération :

I = 1	VI = 6	L = 50
II = 2	VII = 7	C = 100
III = 3	VIII = 8	D = 500
IV = 4	IX = 9	M = 1 000
V = 5	X = 10	

 = 1   ● = 10   = 60

Les chiffres que nous utilisons aujourd'hui ont été inventés en Inde et raffinés par les Arabes. Voici les grandes étapes de leur développement.

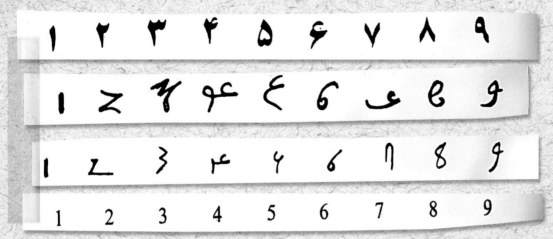

Chiffres indiens du 10e siècle	١	٢	٣	٤	٥	٦	٧	٨	٩
Chiffres ghubar du 10e siècle									
Chiffres arabes occidentaux datant du 17e siècle									
Chiffres arabes contemporains	1	2	3	4	5	6	7	8	9

Chiffres indiens du 10e siècle

Chiffres ghubar du 10e siècle

Chiffres arabes occidentaux datant du 17e siècle

Chiffres arabes contemporains

Savais-tu que les premiers mathématiciens étaient nuls autres que les hommes des cavernes ? Ces chasseurs de la préhistoire, sans doute pour compter leurs prises, gravaient de simples entailles dans les os, le bois ou encore sur les parois rocheuses des grottes. Vers -2500, les marchands sumériens utilisaient les vieux calculi dont je t'ai parlé à la page précédente. Savamment organisés sur le sol, ils permettaient de réaliser des additions, des multiplications et des divisions. Je te transmets ci-dessous quelques renseignements additionnels concernant les premiers instruments de calcul. Elles m'ont été envoyées par mon ami Paul Savant, directeur du département de l'histoire des sciences et technologies, à l'Université du Savoir.

Objet : Re : Calculatrice
Date : 15 janvier 2004
À : professeur Génius
Pièces jointes : Quipus.jpg, Ancien_Boulier.jpg

Cher ami,

Voici quelques renseignements, en réponse à votre question de ce matin concernant les ancêtres de la calculatrice… Les doigts de la main furent sans doute les plus vieux instruments de calcul jamais utilisés (plusieurs peuples asiatiques se servaient également des phalanges et arrivaient à compter jusqu'à 28, en utilisant les deux mains). Le boulier fut inventé par les Chinois, environ 3000 ans avant notre ère. Chez les Incas du Pérou, de la Bolivie et de l'Équateur, on utilisait des quipus, ou cordes à nœuds pour calculer. Elles pouvaient même servir de calendrier !

Paul Savant

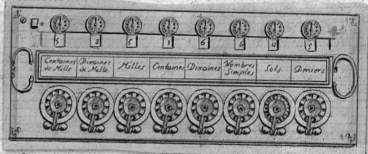

Ancien_Boulier.jpg   Quipus.jpg

Peut-être seras-tu surpris d'apprendre que cette machine étrange est l'ancêtre de ta calculatrice de poche ! Inventée par Blaise Pascal en 1642, cette pure merveille était capable d'additionner, de soustraire, de multiplier et de diviser des nombres de huit chiffres grâce à un système de roues dentées. Le premier calculateur électronique, l'ENIAC, fut inventé en 1945 aux États-Unis par John Mauchley et John Presper Eckert. Il pesait pas moins de 27 tonnes, soit l'équivalent du poids de cinq éléphants ! Quant à la calculatrice de poche, elle a fait son apparition en 1967.

Les progrès de la médecine

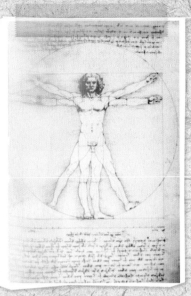

Les êtres humains ont longtemps cru que la maladie était une punition des dieux. À l'époque de la Renaissance, des savants comme André Vésale ou Léonard de Vinci commencent à disséquer des cadavres. Leurs dessins précis des différents organes contribuent alors à une meilleure compréhension du corps. (Admire le magnifique croquis anatomique que j'ai joint à cette page. Il est tiré des carnets de Léonard de Vinci et a été dessiné de la main du célèbre savant.) Depuis, plusieurs façons de poser des diagnostics, de pratiquer la chirurgie et de contrôler les maladies sont apparues. Les six pages qui suivent te présenteront quelques-unes des grandes inventions qui ont bouleversé nos connaissances médicales au cours des 500 dernières années et changé le sort de millions d'êtres humains.

Les outils de diagnostic

Jusqu'au début du 18e siècle, le médecin disposait de très peu de moyens pour identifier le mal dont souffrait son patient. Pour poser un diagnostic éclairé, il ne pouvait que le questionner, l'observer, le palper, le tapoter. De nos jours, il existe tout un éventail de techniques de diagnostic de plus en plus efficaces, allant des instruments les plus simples, comme le stéthoscope, aux techniques d'imagerie plus sophistiquées, comme le scanner. Voici pour débuter un précieux document que m'a prêté mon ami antiquaire Pietro Poussiero. Il t'intéressera sûrement.

Diagnostic
Identification d'une maladie à partir de ses manifestations, les symptômes. Les symptômes de la grippe, par exemple, sont la fièvre, les frissons, les douleurs musculaires et une grande fatigue.

RAYONS X

Le physicien Wilhelm Conrad Röntgen découvrit les rayons X en 1895. Bien qu'invisibles, ces rayonnements pouvaient passer à travers le corps et former une image sur une plaque photographique se trouvant de l'autre côté. S'ils traversent aisément les organes mous comme la peau et les muscles, les rayons X traversent moins facilement la matière plus dense comme les os, laissant des traces blanches sur les photographies à l'emplacement de ceux-ci. Quelques mois après la découverte de Röntgen, de nombreux médecins utilisaient les mystérieux rayons pour diagnostiquer les fractures. En 1901, le physicien allemand reçut le prix Nobel pour sa découverte.

Inventeurs et inventions, p. 159

Paris, 1816

Cher ami,

Je fus consulté hier par une jeune fille qui présentait des symptômes d'une maladie cardiaque. À cause des convenances, je n'ai pu poser mon oreille contre sa poitrine. C'est alors que je me suis rappelé que les sons voyageaient dans les objets solides. Je saisis mon cahier dont je formai un rouleau et j'en appliquai une extrémité sur son cœur. En posant l'oreille à l'autre bout, je fus aussi surpris que satisfait d'entendre les battements de cœur d'une manière beaucoup plus distincte que je ne l'avais jamais expérimenté dans le passé. Dorénavant, j'utiliserai un cylindre en bois au lieu d'un rouleau de papier.

Au plaisir,
René-Théophile Laennec

René-Théophile Laennec et son stéthoscope

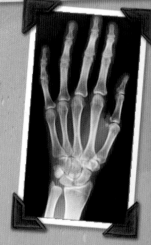

Radiographie d'une main

Après la radiologie traditionnelle, plusieurs autres techniques d'imagerie médicale ont vu le jour. En 1972, le scanner, un appareil extraordinaire, permet d'obtenir pour la première fois des images détaillées d'organes. Il révolutionnera notamment l'étude du cerveau.

PRIX NOBEL DE MÉDECINE

IPR, STOCKHOLM — L'ingénieur britannique Godfrey Newbold Hounsfield et le physicien Allan Cormack ont reçu hier le prix Nobel de médecine et physiologie pour le scanner à rayons X, ou tomodensitomètre. Ce procédé d'exploration radiologique qui permet de photographier une mince couche d'organe à la fois, peut reconstituer à partir de milliers de clichés, l'image d'un organe sous différents angles. Moins de sept ans après son arrivée, le scanner est devenu un outil indispensable pour étudier le contenu de la boîte crânienne et diagnostiquer certaines maladies.

Article de journal de 1979

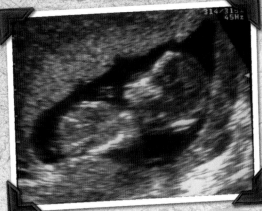

Échographie d'un fœtus de 13 semaines

D'autres techniques d'imagerie apparaîtront plus tard. L'IRM, ou imagerie par résonance magnétique, est inventée au début des années 1970 par Paul C. Lauterbur. Elle permet d'obtenir des images en trois dimensions de l'intérieur du corps. L'échographie, mise au point par le chirurgien anglais John Julian Wild et l'ingénieur américain John Reid, en 1952, permet entre autres de suivre le développement d'un fœtus dans le ventre de sa mère.

MICROSCOPE

Vers 1590, le fabricant de lunettes hollandais Hans Jansen et son fils Zacharias fabriquèrent le tout premier microscope. Leur appareil, composé de deux lentilles arrondies placées à chaque extrémité d'un tube, permit d'observer pour la première fois des structures trop petites pour être distinguées à l'œil nu. L'instrument des lunetiers demeura peu utilisé jusqu'à ce que le scientifique hollandais Anton Van Leeuwenhoek le perfectionne en 1683. Avec le scientifique anglais Robert Hooke, il est un des premiers savants à se servir d'un microscope assez puissant pour explorer l'univers microscopique jusqu'alors inconnu.

Inventeurs et inventions, p. 116

Microscope de Hooke

Le microscope permet de découvrir les microbes. Dans les années 1850, le biologiste et chimiste français Louis Pasteur démontre que ces minuscules créatures grouillantes de vie sont responsables de certaines maladies. Il découvre également que ces germes sont plus abondants dans les villes sales et surpeuplées que dans l'air pur des montagnes. Cette nouvelle compréhension des causes de maladies apportera des changements déterminants dans la société ainsi que dans la pratique de la médecine.

La chirurgie, d'hier à aujourd'hui

Savais-tu que la première « chirurgie » (ou opération à l'intérieur du corps) date de plus de 12 000 ans ? Les archéologues ont en effet retrouvé des crânes d'hommes préhistoriques percés d'un trou. Comme le pourtour des orifices était cicatrisé, on peut affirmer sans l'ombre d'un doute que les propriétaires des crânes ont survécu à une opération que l'on appelle trépanation. Certains experts croient qu'on trépanait pour libérer les mauvais démons. D'autres pensent qu'on le faisait pour soigner les maux de tête et les crises d'épilepsie. Quoi qu'il en soit, les techniques de la chirurgie ont bien changé depuis. Cette page te présente quelques extraits qui sauront te convaincre.

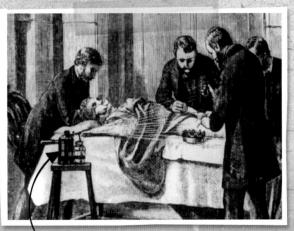

Cet appareil servait à vaporiser un antiseptique.

Avant 1865, la moitié des patients qui subissaient une intervention chirurgicale majeure mouraient de ce qu'on appelait alors la « maladie des hôpitaux ». En prenant connaissance de la théorie des germes de Louis Pasteur, dont je t'ai parlé à la page précédente, Joseph Lister, un chirurgien anglais, comprit que ce mal était dû aux microbes qui étaient très abondants dans les salles d'opération et sur les instruments mal nettoyés. Il utilisa dès lors du phénol, un puissant désinfectant, pour nettoyer les instruments chirurgicaux. L'utilisation de cet antiseptique (qui détruit les microbes) fit tomber le taux de mortalité de son service de 50 à 15 % ! Sa technique, appelée l'asepsie, s'est ensuite perfectionnée et dès le début des années 1900, les instruments en acier étaient stérilisés à haute température et le bloc opératoire était nettoyé rigoureusement avec des antiseptiques.

Il y a à peine 200 ans, les patients étaient opérés... sans être endormis ! J'ose à peine imaginer les souffrances atroces que ces pauvres gens devaient endurer. En 1844, le dentiste américain Horace Wells utilise pour la première fois un gaz anesthésique, appelé protoxyde d'azote, ou gaz hilarant. Lorsqu'il est inhalé, ce gaz agit sur le système nerveux et atténue la sensation de douleur. En 1846, un autre dentiste, William Thomas Green Morton, utilise des vapeurs d'éther pour soulager un patient souffrant d'une tumeur au cou. À la même époque, le chloroforme est également utilisé pour atténuer les douleurs de l'accouchement. Des masques, compte-gouttes et appareils destinés à faire inhaler ces substances miraculeuses seront vite mis au point.

Morton faisant une démonstration de son appareil.

Inhalateur d'éther inventé par Morton

Très tôt dans l'histoire, l'homme s'est fabriqué diverses prothèses, telles que des mains de fer ou des jambes de bois, pour remplacer des membres perdus. Depuis les années 1950, des implants artificiels, comme des articulations, et des organes vivants viennent remplacer les organes malades. Mais les transplantations sont très risquées car les défenses naturelles du corps considèrent l'organe greffé comme un corps étranger indésirable et l'attaquent. Dès 1979, on commence à utiliser la ciclosporine, un médicament supprimant la réaction de rejet. Il devient alors possible de transplanter certains organes avec succès !

Grâce à des techniques de plus en plus sophistiquées, la médecine d'aujourd'hui réalise des actes chirurgicaux d'une incroyable complexité. La microchirurgie, qui a vu le jour au début des années 1970, utilise des instruments dont l'extrémité est plus fine qu'un cheveu. Grâce à elle, on peut réaliser des interventions sur des structures extrêmement petites. Pratiquée depuis 1963, la chirurgie au laser augmente les possibilités de la microchirurgie. Tu le constateras en lisant l'extrait ci-dessous.

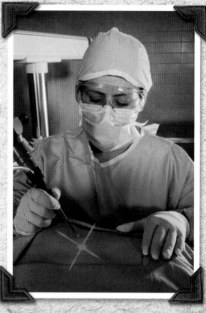

PREMIÈRE TRANSPLANTATION CARDIAQUE

Christian Barnard

Louis Washkansky, un grossiste en alimentation âgé de 56 ans, a reçu hier le cœur d'une jeune femme de 25 ans, Denise Darvall. Après avoir réussi plusieurs greffes de cœur sur des chiens de laboratoire, le chirurgien Christian Neethling Barnard vient de réaliser la première transplantation cardiaque sur un humain, une première mondiale. Une équipe de 30 personnes a assisté le chirurgien dans cette délicate opération qui a duré cinq heures. Au moment de mettre sous presse, le patient, débranché du cœur-poumon artificiel, reposait dans une chambre stérile de l'hôpital Groote Schuur, son nouveau cœur battant régulièrement.

Courrier du Cap, Afrique du Sud, 4 décembre 1967

Le patient succomba à une pneumonie 18 jours après la transplantation, le cœur greffé fonctionnant toujours parfaitement. Plusieurs organes, comme le rein et le foie, sont aujourd'hui transplantés avec succès.

LA CHIRURGIE D'AUJOURD'HUI

La chirurgie au laser permet d'opérer des organes fragiles comme l'œil ou l'oreille. Grâce à son faisceau lumineux agissant comme une sorte de bistouri très fin, elle permet de réaliser des incisions aussi petites qu'un millionième de millimètre. Le chirurgien procède à ces délicates opérations avec l'assistance d'un microscope. En intervenant sur des éléments minuscules, comme les fibres nerveuses et les petits vaisseaux sanguins, la microchirurgie permet aussi de recoudre avec succès un membre sectionné. La miniaturisation de plusieurs instruments, comme l'endoscope à fibres optiques, permet maintenant au chirurgien d'atteindre des recoins autrefois inaccessibles.

La santé au quotidien, volume 3, numéro 4

La chirurgie et les autres techniques utilisées pour soigner les humains continueront-elles encore de s'améliorer ? Bien sûr ! J'ignore ce que nous réserve l'avenir, mais je sais déjà que de nouvelles technologies sont en train d'être perfectionnées. Elles pourront sans aucun doute guérir certaines maladies que la médecine moderne n'arrive pas encore à soigner.

Feuilles
d'hamamélis ⬉

Les produits qui soignent

Bien avant la médecine moderne et ses milliers de médicaments chimiques, les hommes et les femmes se sont tournés vers la nature pour soigner leurs petits et leurs gros bobos. Il y a plus de 6 000 ans, les Sumériens utilisaient les feuilles d'un arbre, le saule blanc, pour soulager la douleur. Pour leur part, les Amérindiens avaient découvert les vertus des feuilles de l'arbuste hamamélis et l'utilisaient pour arrêter les saignements et calmer les brûlures. Jusqu'au début du 20e siècle, les quelques médicaments disponibles devaient être longuement préparés dans la boutique de l'apothicaire, le pharmacien d'antan. Ce dernier proposait ses remèdes sous la forme de potions, de pommades, de poudres ou de tisanes (et je t'assure que, contrairement aux médicaments d'aujourd'hui, celles-ci n'avaient ni le goût ni l'odeur de la fraise ou de la banane !). À partir du 19e siècle, les chimistes ont commencé à fabriquer des médicaments, en s'inspirant de certaines substances disponibles dans la nature. C'est le cas de l'aspirine. Par la suite, d'autres médicaments ont été découverts de manière accidentelle.

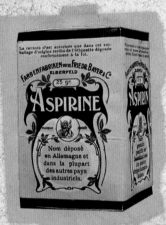

✲ ✲ ✲ ✲ ✲ ✲ ✲ ✲
GRANDE PREMIÈRE CHEZ BAYER !

La compagnie Bayer vient de faire breveter un nouveau médicament baptisé Aspirine. Soucieux de soulager son père atteint de rhumatismes chroniques, Félix Hoffmann, un chimiste allemand employé par la société, a mis au point une méthode pour produire de l'acide acétylsalicylique, une substance semblable à celle que contient l'écorce du saule blanc (Salix alba). Cette nouvelle substance aurait la propriété de calmer la douleur, réduire la fièvre et les inflammations. La nouvelle Aspirine sera bientôt offerte sous la forme d'un cachet pratique, facile à avaler.

✲ ✲ ✲ ✲ ✲ ✲ ✲ ✲ ✲

⬆
Article de journal de 1899

LA PÉNICILLINE

En 1928, le médecin et biologiste britannique Alexander Fleming découvrit accidentellement le premier antibiotique. En rentrant de vacances, il remarqua qu'une de ses cultures de bactéries avait été contaminée par une moisissure, le *Penicillium notatum*, et constata que les bactéries n'avaient pas proliféré là où la moisissure s'était développée. Fleming essaya sans succès d'extraire la substance produite par le *Penicillium*, qu'il nomma pénicilline. Il faudra attendre une dizaine d'années avant que le médecin d'origine australienne Howard Walter Florey et son collègue chimiste Ernst Boris Chain mettent au point le médicament. En 1945, le trio Fleming, Florey et Chain reçut le prix Nobel de médecine.

Inventeurs et inventions, p. 142

Le développement de ce remède-miracle et des autres antibiotiques qui ont suivi est une des grandes découvertes du 20e siècle.

Voici une petite ligne de temps présentant les grandes découvertes et inventions de l'histoire des médicaments.

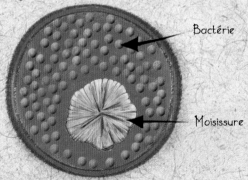

Bactérie

Moisissure

Action antibactérienne du penicillium

1796
Le médecin anglais Edward Jenner réalise la première vaccination contre la variole, une maladie contagieuse grave qui cause, entre autres, des éruptions cutanées.

Un brin d'histoire...

Un vaccin,
grâce aux vaches !

Saviez-vous, chers fermiers et fermières, que nos bonnes vieilles vaches sont à l'origine de la production du premier vaccin ? Au 18e siècle, les valets de ferme étaient souvent atteints de la vaccine, une maladie sans gravité qui leur était transmise par les vaches. Le médecin de campagne Edward Jenner observa que les humains qui avaient eu cette maladie ne contractaient pas la variole, une maladie humaine mortelle. Il eut alors l'idée de prélever du pus de la main d'une femme infectée par la vaccine et l'inocula à un jeune patient de 8 ans du nom de James Philipp. Trois mois plus tard, Jenner inocula le vrai virus de la variole au petit Philipp. Au grand soulagement de tous, ce dernier demeura en bonne santé car le virus de la vaccine avait entraîné la formation d'anticorps capables de lutter contre la variole. Fort de ce succès sans précédent, le Dr Jenner se rendit à Londres où il vaccina gratuitement des centaines de personnes.

Il existe d'autres façons de soigner qui n'ont pas recours aux médicaments. L'acupuncture, par exemple, est une approche thérapeutique basée sur une tout autre vision de la santé.
Toujours pratiquée de nos jours, cette approche traditionnelle attribue la maladie à un déséquilibre des courants d'énergie, le « ki », qui parcourent le corps en suivant des chemins que l'on appelle méridiens. Pour permettre une meilleure circulation de l'énergie, de fines aiguilles sont insérées sur le parcours des méridiens. Même si on sait que l'acupuncture était pratiquée en Chine il y a 5 000 ans, on ignore toujours qui en est l'inventeur.

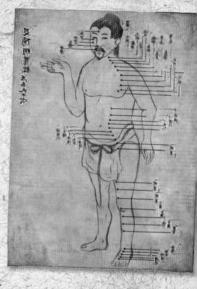

1987
L'AZT, un médicament utilisé dans le traitement du cancer, commence à être utilisé comme médicament pour combattre le sida.

1943
Le microbiologiste américain Selman Waksman découvre la streptomycine, un antibiotique efficace contre la tuberculose, une maladie grave s'attaquant aux poumons.

1928
Le médecin et biologiste britannique Alexander Fleming découvre la pénicilline, le premier antibiotique.

1921
Le chirurgien canadien Frederick Grant Banting et l'étudiant en médecine Charles Best découvrent les propriétés de l'insuline et son importance dans le traitement du diabète.

1899
Mise en marché de l'aspirine, utilisée pour soulager la douleur et diminuer la fièvre.

1885
Pasteur teste son vaccin contre la rage, une maladie mortelle causée par un virus qui affecte le système nerveux de plusieurs animaux, dont l'homme.

Il est triste de constater que malgré les grandes découvertes du siècle dernier qui ont fait avancer la médecine à pas de géant, tous les êtres humains ne sont malheureusement pas égaux devant la maladie. Selon la partie du monde où l'on habite, l'accès à la nourriture, à l'eau propre et aux soins ainsi que l'espérance de vie ne sont pas les mêmes. J'ose espérer qu'un des défis de ce nouveau millénaire sera de tenter de remédier à ces inégalités.

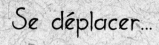

Se déplacer...

Peux-tu imaginer un instant ce que seraient nos vies sans la bicyclette, l'autobus, la voiture, le train, le bateau, l'avion ? Tu sais, les êtres humains de tous les temps ont eu la bougeotte. Motivés par leur besoin de s'alimenter, ou tout simplement par désir d'explorer le monde, nos ancêtres n'ont pas tardé à inventer toutes sortes de moyens de se déplacer sur de longues distances. Voici quelques inventions qui ont marqué la fabuleuse histoire des transports sur les mers, sur terre et dans les airs.

Sur les mers

Tu seras sans doute surpris d'apprendre que les premiers aventuriers des mers voguaient sur les flots en utilisant... de simples troncs d'arbres flottants ! Les premières « vraies » embarcations étaient probablement des radeaux, fabriqués à partir de bois ou de roseaux. Peu après sont apparus les canots recouverts de peau d'animaux ou d'écorce. Les grands bateaux à voiles carrées, conçus pour le transport de marchandises, ont été fabriqués par les Égyptiens, 3 500 ans avant notre ère. Beaucoup d'eau a coulé sous les ponts depuis... Ces deux pages te permettront de le constater.

MES RECORDS

Le plus grand paquebot

Le paquebot Queen Mary 2 est le plus grand paquebot au monde. Le géant, inauguré le 8 janvier 2004 en Angleterre, mesure 345 m de longueur et 41 m de largeur. Il compte 15 ponts, soit l'équivalent d'un immeuble de 23 étages, et peut transporter 2 620 passagers et 1 250 membres d'équipage. Le Queen Mary 2 perdra toutefois son titre dans un peu plus de deux ans car on travaille déjà à la construction d'un bateau finlandais qui pourra accueillir pas moins de 4 000 passagers.

La caravelle

La caravelle est une invention portugaise. Mis au point au 15e siècle, ce voilier de bois maniable et robuste, équipé de deux, trois ou quatre mâts portant des voiles carrées et triangulaires, permettait de naviguer contre le vent. Malgré sa petite taille, la caravelle brava les vagues de l'océan grâce à la hauteur de sa coque. La caravelle ouvrit le chemin aux grands voyages vers le Nouveau Monde. Le célèbre navigateur italien Christophe Colomb et son équipage quittèrent un port d'Espagne à bord des caravelles Nina, Pinta et Santa Maria. Ils découvrirent les Antilles soixante-dix jours plus tard.

HUMANA, p. 83

Caravelle

Voici ma petite ligne du temps des faits saillants de l'histoire de la navigation.

Vers l'an 3500 av. J.-C.
Les Égyptiens construisent les premiers bateaux à voiles.

Vers l'an 1000 av. J.-C.
Les Phéniciens construisent d'immenses galères propulsées à l'aide de voiles et de rames.

Vers l'an 1000
Les Chinois utilisent la jonque avec gouvernail pour naviguer en haute mer.

15e siècle
Les Européens traversent l'océan Atlantique à bord de grands voiliers et découvrent le Nouveau Monde.

1776
L'Américain David Bushnell construit le Turtle, le premier sous-marin utilisé à des fins militaires.

Voici quelques extraits présentant des inventions importantes qui ont permis l'essor de la navigation. Ils sont tirés d'un numéro spécial de la revue Scientifiquement vôtre.

Le sextant

Le sextant permet de mesurer la position de la Lune, du Soleil ou de toute autre étoile par rapport à l'horizon. Cette donnée, combinée à l'heure du jour, permettait aux marins de connaître la position de leur navire, en tout temps et en tout point de la terre. Le sextant a été inventé par le capitaine John Campbell, en 1757. Il est aujourd'hui remplacé par les systèmes sophistiqués de positionnement par satellite.

La boussole

La boussole aurait été inventée en Chine par l'architecte, agronome, médecin et historien Shen Gua, vers le milieu du 11e siècle. Le savant avait découvert qu'une tige de magnétite, un métal ferreux, avait la propriété de s'orienter en direction du Nord magnétique de la Terre. Les marins chinois adoptèrent la boussole quelques années plus tard, vers la fin du 11e siècle, et la firent connaître à leurs homologues indiens et arabes, qui la transmirent à leur tour aux Européens. L'instrument européen, qu'on appelait alors marinette, consistait en une simple aiguille posée sur une tige de paille flottant sur l'eau. La boussole que nous connaissons aujourd'hui est l'œuvre du Portugais Pierre Garcie Ferrande. Elle date de 1483.

Sextant

Écran radar

Le radar

Le radar est un système qui permet de détecter et de localiser précisément des objets en mouvement sur la mer, sur terre ou dans les airs. Le premier véritable système de radar fut inventé en 1935, par l'Écossais Sir Robert Alexander Watson-Watt. Il fut largement utilisé dans les avions pendant la Seconde Guerre mondiale. En navigation, le radar permet de repérer les obstacles, comme les côtes ou d'autres embarcations, et de les contourner.

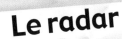

Boussole

L'avènement de la machine à vapeur, au 18e siècle, a bouleversé le monde des transports. Dès lors, de nombreux inventeurs ont tenté d'adapter cet engin prometteur à la propulsion des navires.

LE BATEAU À VAPEUR

Entraînées par la force du moteur à vapeur, les énormes roues à aubes des bateaux à vapeur tournaient en créant une poussée qui faisait avancer le navire. C'est Claude François, marquis de Jouffroy d'Abbans, qui construisit le premier bateau à vapeur en 1783. En 1836, John Pettit Smith et John Ericsson améliorent l'invention et munissent les bateaux à vapeur d'une hélice. Les bateaux devinrent plus rapides et permirent aux voyages en haute mer de se faire en une fraction du temps.

Inventeurs et inventions, p. 15

Premier bateau à vapeur

1783
Le marquis de Jouffroy construit le premier bateau à vapeur.

1805
L'Américain Oliver Evans construit le premier véhicule amphibie, un bateau pouvant se déplacer à la fois sur la terre ferme et sur l'eau.

1838
Le bateau à vapeur britannique Sirius traverse l'Atlantique sans utiliser de voile.

1845
Le navire à hélice Great Britain traverse l'Atlantique.

1881
Construction du premier bateau en acier, le Servia, en Grande-Bretagne.

Sur terre

L'avènement de la roue, il y a plus de 5 000 ans, a créé une révolution sans précédent dans le domaine des transports terrestres. Des traîneaux sur roues et toutes sortes de chars, chariots et charrettes sont rapidement apparus. D'abord réservées aux soldats, ces premières voiturettes furent rapidement utilisées pour les petits déplacements quotidiens. Depuis ce temps, les femmes et les hommes ont utilisé leurs connaissances techniques pour faciliter nos déplacements sur la terre ferme. Laisse-moi te présenter quelques moyens de transport terrestres, en commençant par un que tu connais bien, la bicyclette.

Draisienne

Savais-tu que ta bonne vieille bicyclette a connu bien des transformations depuis son invention ? Son ancêtre, la draisienne, a été inventé en 1818 par le baron allemand Karl Drais von Sauerbronn. L'engin n'était qu'un simple cadre de bois (le siège) muni de deux roues et d'un guidon. Pour la faire avancer, il fallait s'asseoir dessus... et courir ! La bicyclette moderne voit le jour dans les années 1880. Son pédalier, placé entre les deux roues, est alors relié à la roue arrière par une chaîne qui transmet le mouvement. Ses pneus sont munis de chambres à air et un système de freinage lui est ajouté. La bicyclette est un moyen de transport pratique, silencieux, économique et qui ne produit aucune pollution. J'avoue que c'est celui que je préfère !

Voici quelques dates et faits marquants de l'évolution des transports terrestres.

1801
L'ingénieur britannique Richard Trevithick invente la première locomotive à vapeur circulant sur des rails.

1832
Les premiers tramways tirés par des chevaux circulent à New York.

1870
Le jeune Parisien Ernest Michaux invente, avec son père Pierre, le vélocipède, le premier vélo avec pédales installées directement sur la grande roue avant.

1885
Les Allemands Gotlieb Daimler et Wilhelm Maybach inventent la Einspur, la première motocyclette.

1818
Le baron allemand Karl Drais von Sauerbronn invente la draisienne.

1863
Mise en service du métro à vapeur, à Londres.

1885
Carl Benz invente la motorwagen, la première voiture sans chevaux à avoir été commercialisée. Elle était équipée d'un moteur à essence.

Au début du 19ᵉ siècle, l'ingénieur anglais Richard Trevithick a l'idée de munir une machine à vapeur de roues et de la faire glisser sur des rails. La locomotive est née ! C'est le premier moyen de transport terrestre utilisant la puissance d'une machine.

En voiture !

Venez voir la toute nouvelle « **M'attrape qui peut !** », la locomotive à vapeur de Monsieur Trevithick.
Payez la modique somme de 1 shilling et soyez parmi les premiers passagers à monter à bord de cette invention révolutionnaire qui bouleversera sans aucun doute le monde des transports terrestres.

Rappelons qu'en 1804, une locomotive à vapeur construite par l'ingénieur anglais avait transporté 10 tonnes de minerai de fer et 70 passagers sur une quinzaine de kilomètres à une vitesse d'environ 8 kilomètres à l'heure.

Alors, à qui la chance ?

Le train le plus rapide

Le train le plus rapide du monde est le TGV (Train à Grande Vitesse) atlantique français. Le 18 mai 1990, il a atteint un peu plus de 515 km/h. Un record !

Les trains à vapeur sont peu à peu remplacés, au début du 20ᵉ siècle, par des locomotives à moteur diesel et à moteur électrique, beaucoup plus rapides et silencieuses.

Les gaz émis par les voitures fonctionnant à l'essence sont nocifs pour l'environnement et la santé des êtres humains. De nombreux chercheurs tentent de créer des technologies qui sont à la fois efficaces et moins polluantes pour notre planète. Le moteur à hydrogène est une des solutions envisagées pour réduire la pollution. Espérons que tous les pays industrialisés se mobiliseront pour encourager la production et la diffusion de ces petits bijoux.

LA VOITURE

Les premières voitures étaient équipées d'un moteur à vapeur. Le premier véhicule automobile (qui se meut par lui-même) était un fardier à vapeur, construit par l'ingénieur français Joseph Cugnot, en 1769. Les moteurs lourds, bruyants et lents des voitures à vapeur furent remplacés, 115 ans plus tard, par le moteur à essence, beaucoup plus performant. La première voiture à essence, la « Patent-Motorwagen » ressemblait à un tricycle à moteur. Elle était l'œuvre de l'Allemand Carl Benz.

Inventeurs et inventions, p. 194

L'ingénieur américain Henry Ford crée le modèle « T » en 1908. Cette voiture était vendue 850 dollars et disponible en une seule couleur, le noir. La première chaîne de montage de voitures apparaîtra dans son usine en 1913.

1912
La première locomotive diesel-électrique est fabriquée en Suisse. Elle fera son apparition sur les voies ferrées en 1923.

1993
Les ingénieurs de la Ballard Powers Systems inc. mettent au point une pile à hydrogène assez puissante pour alimenter le moteur d'un autobus.

1891
La firme Morris et Salom de Philadelphie met au point la première voiture électrique.

1904
La compagnie britannique North Eastern Railway construit les premières locomotives électriques.

1957
Le Canadien Joseph-Armand Bombardier invente le ski dog, l'ancêtre de la motoneige (ski-doo) qui permet de se déplacer aisément sur la neige.

Dans les airs

T'est-il déjà arrivé d'observer les prouesses aériennes des oiseaux et d'avoir envie, comme eux, de voir le monde d'en haut ? Tu sais, bien avant l'invention de l'avion, de nombreux rêveurs ont voulu imiter ces bêtes ailées. Certains d'entre eux ont d'ailleurs inventé toutes sortes d'accessoires encombrants, et parfois farfelus, imitant les ailes des oiseaux. Voici d'ailleurs un croquis de « l'ornithoptère », imaginé par le très célèbre Léonard de Vinci. (Je profite ici de l'occasion pour remercier chaleureusement mon ami Pietro Poussiero, antiquaire, grâce à qui je peux te présenter cette précieuse pièce de collection.) L'invention de ce grand savant de la Renaissance n'a malheureusement jamais fonctionné... les êtres humains n'ayant pas les muscles nécessaires pour actionner un tel engin !

❧ PREMIER VOL HUMAIN ❧

Le marquis François Laurent d'Arlandes et le physicien français Pilâtre de Rozier ont pris place à bord de la nacelle d'un aérostat et se sont envolés, hier, devant une foule rassemblée pour assister à la dernière démonstration des frères Montgolfier. Les deux courageux passagers se sont posés en douceur, après 25 minutes de vol. Rappelons que les frères Montgolfier avaient réussi, plus tôt cet été, à montrer qu'un ballon rempli d'air chaud (donc plus léger que l'air ambiant) pouvait s'élever dans le ciel. Nul doute que cet exploit fantastique repoussera les limites des rêves humains les plus fous.

Voici Paris, 22 septembre 1783

Les appareils qui se déplacent au moyen d'un gaz plus léger que l'air sont appelés aérostats (la montgolfière est un aérostat à qui on a donné le nom des célèbres frères qui l'ont inventé). Quelques années plus tard, on a inventé le dirigeable. Beaucoup plus pratiques que les montgolfières qui sont sujettes aux caprices du vent, ces aérostats qui utilisent de l'hydrogène (un gaz très léger) sont propulsés par des moteurs. Les dirigeables peuvent même être dirigés au moyen d'hélices et de gouvernails. Dès 1930, les fameux zeppelins, de grands dirigeables rigides, transportaient des passagers entre l'Europe et l'Amérique.

Zeppelin

Voici quelques faits importants qui ont marqué l'histoire des transports aériens.

1783
Les frères Montgolfier inventent la montgolfière.

1496-1505
L'Italien Léonard de Vinci dessine les premières machines volantes.

1852
Le Français Henri Giffard construit le premier dirigeable.

1890
Le Français Clément Ader invente le premier aéroplane à moteur à vapeur.

1903
Les frères Wright réussissent le premier vol contrôlé.

1910
Le Français Henri Fabre invente l'hydravion, un avion qui décolle et se pose sur l'eau.

L'avènement du moteur à vapeur et du moteur à explosion a révolutionné l'histoire de l'aviation. En 1890, le Français Clément Ader vole à bord de l'Éole. Son engin, aussi appelé Avion, ressemble davantage à une chauve-souris qu'à un oiseau ! Actionné par un moteur à vapeur, il parcourt une distance de 50 mètres en s'élevant de quelques centimètres à peine.

Éole

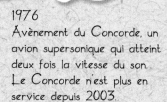

Premier vol des frères Wright en 1903

Orville WRIGHT (1871-1948) et Wilbur WRIGHT (1867-1912)

Les frères Wright sont considérés comme les inventeurs de l'avion moderne. Ils sont les premiers êtres humains à avoir volé à bord d'un aéroplane motorisé et entièrement contrôlé grâce à un système de commande des ailes. Leur avion à moteur à essence, baptisé Flyer, vola pour la première fois le 17 décembre 1903. Le vol dura 12 secondes et parcourut 36 m de distance. Le Flyer vola quatre fois cette même journée. Le vol le plus long dura 59 secondes et couvrit une distance de 284 m.

Inventeurs et inventions, p. 197

1981
Les États-Unis lancent la première navette spatiale dans l'espace.

1961
Le Russe Youri Gagarine, à bord du vaisseau Vostok 1, est le premier homme envoyé dans l'espace.

1976
Avènement du Concorde, un avion supersonique qui atteint deux fois la vitesse du son. Le Concorde n'est plus en service depuis 2003.

1944
Première utilisation de l'avion à réaction. Les turboréacteurs puissants permettent dorénavant de voyager aussi vite que le son.

1940
Le Russe Igor Sikorski réussit le premier vol à décollage vertical, à bord d'un hélicoptère.

1927
L'Américain Charles Lindbergh effectue la première liaison Paris-New York à bord de l'avion Spirit of Saint-Louis.

À partir du début du 20e siècle, les progrès de l'aéronautique (science de la navigation aérienne) se succèdent rapidement. L'invention de l'avion à réaction, en 1944, révolutionne encore une fois l'aviation. Puissant et rapide, il transporte des passagers d'un continent à l'autre. L'avion est un moyen de transport sécuritaire, très apprécié et fort répandu. Je l'ai moi-même pris 13 fois depuis le début de l'année ! Savais-tu qu'un avion décolle quelque part dans le monde à toutes les 10 secondes ?

Carte d'accès à bord
Boarding pass

Nom du passager / Name of passenger
GENIUS
De / From
MONTREAL/DORVAL
A / To
CHARLES DE GAULL
Vol / Flight

Garder le contact

Connais-tu le marathon, cette épreuve olympique qui consiste à courir un peu plus de 40 km sans s'arrêter ? Laisse-moi te raconter son histoire... En l'an -490, les soldats des villes grecques d'Athènes et de Platées ont réussi à repousser l'armée perse (peuple de l'actuel Iran). Cette bataille légendaire eut lieu dans la ville grecque de Marathon. La légende raconte que le général Miltiade demanda alors au messager Philipidès de courir annoncer la victoire aux habitants de la ville d'Athènes, située à quelque 40 km de là. Le pauvre Philipidès courut pendant quatre heures sous un soleil brûlant. À son arrivée, il n'eut que le temps de prononcer ces mots : « Nous sommes vainqueurs. » Puis il mourut, épuisé et victime d'un coup de chaleur. Tu te demandes où je veux en venir, n'est-ce pas ? Eh bien, vois-tu, cette histoire illustre bien que la communication entre les individus n'a pas toujours été aussi facile qu'elle ne l'est aujourd'hui. Tu n'as qu'à penser à Internet, cette prodigieuse invention qui nous permet de communiquer avec des gens de partout à travers le monde en quelques secondes à peine ! Les six prochaines pages de mon album te présenteront les grandes inventions qui ont permis aux humains de communiquer de manière toujours plus rapide et efficace.

Communiquer par écrit

L'écriture est l'une des plus anciennes formes de communication (nous l'avons déjà vu aux pages 32 et 33). Il semble que très tôt dans l'histoire, les hommes l'ont utilisée pour s'envoyer des messages écrits.

Les premières boîtes aux lettres officielles ont été installées en France en 1653.

Histoire de la poste

L'histoire de la poste commence vers l'an -2000. Déjà, à cette époque, les Égyptiens avaient installé des messagers sur les routes de leur empire pour transmettre rapidement ordres et messages entre les différentes villes. D'autres empires, comme celui des Chinois, des Perses et des Romains, en ont fait autant. Vers l'an -27, ces derniers avaient développé un réseau postal étendu formé d'une succession de relais permettant aux messagers de se nourrir, se reposer et de changer de cheval. La livraison du courrier fut ainsi assurée par des messagers à chevaux et par des diligences jusqu'à l'arrivée du chemin de fer. Vers 1838, le courrier était trié durant le voyage dans un wagon spécialement aménagé et distribué le lendemain.

Historia, p. 521

UN PEU D'HISTOIRE...   1840

LE TIMBRE-POSTE

Le tout premier timbre-poste est apparu en Grande-Bretagne le 1er mai 1840. C'est Rowland Hill, un enseignant à la retraite, qui met de l'avant ce système de paiement anticipé, révolutionnant le système des postes. Dorénavant les frais d'expédition seraient payés à l'avance par l'expéditeur (la personne qui envoie) plutôt que par le destinataire (la personne qui reçoit) et ne varieraient plus selon la distance parcourue. Ce système pratique fut adopté par d'autres pays comme la Suisse, en 1843, et la France, en 1848. Encore utilisés de nos jours par tous les pays du monde, les timbres font aussi l'objet de nombreuses collections.

Le communicateur, janvier 1999

Les premiers journaux, appelés gazzetta (un nom d'origine italienne désignant la petite pièce de monnaie que l'on donnait en échange de ces feuilles) ne sont que de courts feuillets. Ces feuilles volantes, qui annoncent divers faits quotidiens, ne sont imprimées qu'à l'occasion. Vers 1610, de « vrais » journaux apparaissent en Italie, en Allemagne et en Hollande. C'est avec une certaine émotion que je te colle l'en-tête d'un ancien numéro de La Gazette, le premier journal français.

N° 23.   91

AZETTE, du 6 Juin 1761.

De Dantzick, le 15 Mai 1761.

Es troupes Ruſſes, qui étoient can-
tonnées dans les environs de Ma-
rienbourg, ſont en mouvement
pour paſſer la Viſtule, & pour oc-
cuper les camps tracés à Munſter-
wald, à Schwetz & à Promberg.
Un corps aux ordres du Comte de
Czernichew camp...

Les premiers journaux étaient très chers et les lecteurs peu fortunés devaient partager la même copie. On les lisait surtout au café, nouveau lieu de rencontre où les nouvelles de la semaine étaient généreusement commentées.

Voici d'autres inventions qui ont facilité le travail de bureau et la communication écrite, notamment à l'école et au travail.

Le Remington Monarch 3

La machine à écrire

La toute première machine à écrire pratique fut mise au point par l'imprimeur américain Christopher Sholes en 1867. Activée par un levier, chaque touche frappait un ruban encré qui imprimait une lettre sur une feuille de papier. Six ans plus tard, Sholes vendit son invention à la société Remington qui la commercialisa. Les machines à écrire électriques firent leur apparition dans le courant des années 1920.

Ces inventions disparues, p. 80

Il m'arrive encore d'utiliser ma vieille machine à écrire Remington. J'adore le cliquetis des touches et le son de la clochette avertissant qu'on doit faire un retour de chariot !

Le clavier du micro-ordinateur a remplacé les machines à écrire et les programmes de traitement de texte nous permettent de produire des documents écrits beaucoup plus rapidement qu'avec la machine à écrire ! Les premiers ordinateurs personnels pratiques, inventés par la compagnie Apple, datent du début des années 1980. Parmi les autres inventions qui ont facilité les communications en milieu de travail il y a le photocopieur, inventé en 1938, et, depuis 1980, le télécopieur ou fax.

L'ère des télécommunications

Tu sais, mon ami, la poste et les journaux ont longtemps été les seuls moyens de recevoir des nouvelles de gens éloignés. Aux 19ᵉ et 20ᵉ siècles, de grandes découvertes et inventions ont permis l'apparition de moyens de communication révolutionnaires ! Il s'agit du télégraphe, du téléphone, de la radio et de la télévision. Voici un collage qui t'en apprendra un peu plus.

Le tout premier appareil inventé pour transmettre des messages à distance est le télégraphe (ce mot signifie d'ailleurs « écrire à distance »). Inventé en 1790 par le Français Claude Chappe, le premier télégraphe optique consistait en un réseau de tours situées à une dizaine de kilomètres les unes des autres et munies de grands bras articulés produisant des signaux correspondant à des lettres. Dans chaque tour, un observateur muni d'un télescope recevait et retransmettait le message à la tour suivante. Grâce à ce premier télégraphe, les messages pouvaient ainsi franchir des distances bien plus rapidement que ne le faisaient les messagers à chevaux ! Malheureusement, ce système n'était pas très pratique par temps de brouillard ou... après la tombée de la nuit. Grâce à l'électricité, le télégraphe électrique allait bientôt faire son apparition.

Lettre	Code	Lettre	Code
A	.—	N	—.
B	—...	O	———
C	—.—.	P	.——.
D	—..	Q	——.—
E	.	R	.—.
F	..—.	S	...
G	——.	T	—
H	....	U	..—
I	..	V	...—
J	.———	W	.——
K	—.—	X	—..—
L	.—..	Y	—.——
M	——	Z	——..

LE TÉLÉGRAPHE ÉLECTRIQUE

Le premier télégraphe électrique fut inventé par William Cooke et Charles Wheatstone en 1837. Cet appareil envoyait des courants électriques le long d'un fil jusqu'à un récepteur muni d'un cadran. Selon le courant émis, une aiguille aimantée pointait une lettre de l'alphabet. Le message était ainsi reçu lettre par lettre. En 1844, un artiste-peintre américain, Samuel Morse, mit au point un nouveau code qui remplaça vite celui des deux inventeurs britanniques. Le « code morse » consiste en une série de signaux électriques, longs ou courts, représentés par des points et des tirets et correspondant à des lettres.

Inventeurs et inventions, p. 178

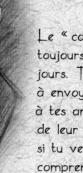

Samuel Morse
(1791-1872)

Le « code morse » est toujours utilisé de nos jours. Tu peux t'amuser à envoyer des messages à tes amis. Prends soin de leur envoyer le code, si tu veux bien te faire comprendre !

Le premier coup de fil de l'histoire fut donné aux États-Unis, le 10 mars 1876. C'était Alexander Graham Bell qui appelait son collaborateur : « Monsieur Watson, venez. Je veux vous voir ! » Vers 1900, la compagnie fondée par Bell dépasse le million d'abonnés !

Alexander Graham Bell
(1847-1922)

La Voix de Philadelphie, 26 juin 1876

GRAND DÉVOILEMENT D'UNE
NOUVELLE MACHINE

Philadelphie, PENN. — Ce matin, dans le cadre de l'Exposition du Centenaire, le professeur et spécialiste de la voix humaine, Alexander Graham Bell, a dévoilé devant une foule de spectateurs ahuris, son « téléphone parlant », un appareil qui sert à transmettre la parole d'un endroit à l'autre. La voix, transformée en signaux électriques par le premier téléphone, voyage le long d'une ligne téléphonique jusqu'à un deuxième appareil où les signaux sont reconvertis en sons. L'inventeur, très optimiste, prédit qu'il sera bientôt possible de parler de vive voix avec un interlocuteur se trouvant à l'autre bout du pays !

Dès que la radio est entrée dans les foyers, elle est devenue l'un des médias les plus influents de son temps.

UN PEU D'HISTOIRE...   1894

LE TÉLÉGRAPHE SANS FIL

En 1894, l'Italien Guglielmo Marconi réussit à envoyer un message sans l'entremise d'un fil. Des scientifiques comme l'Allemand Heinrich Hertz avaient déjà démontré que des ondes invisibles pouvaient être transformées en courant électrique. Informé de ces découvertes, le jeune inventeur fabrique le télégraphe sans fil ou TSF, l'ancêtre de la radio. À l'aide d'ondes baptisées ondes radio, Marconi réussit en 1901 à envoyer un message en morse par-dessus l'Atlantique. Cinq ans plus tard, la radio transmet la musique et la voix humaine. Dès 1920, les familles se rassemblent autour des premiers postes de radio publics pour écouter leurs émissions préférées.

Le communicateur, mars 2003

Guglielmo Marconi
(1874-1937)

Mon vieux poste de radio de 1947

En 1947, l'invention d'un nouveau dispositif électronique minuscule, le transistor, permet d'éliminer les volumineux tubes d'antan et de fabriquer des postes de radio plus compacts.

1954

téléviseur moderne

Avec les premiers appareils, la liaison téléphonique est assurée manuellement par une opératrice. Vers la fin des années 1890, des téléphones automatiques permettent de composer un numéro sur un cadran et d'entrer directement en contact avec un correspondant.

L'invention de la télévision est une longue aventure... Même si plusieurs inventeurs ont participé à sa création, le nom de John Logie Baird y est souvent associé car l'Écossais fut le premier à transmettre des images d'une pièce à l'autre, en 1925. Les premiers téléviseurs étaient tous munis d'une antenne servant à capter les images et le son des émissions diffusées sous forme d'ondes radio par la station de télé. De nos jours, les émissions sont aussi envoyées par câbles et transmises d'un continent à l'autre par l'entremise de satellites de télécommunication. À l'aide d'une antenne parabolique, il est ainsi possible d'écouter en direct une émission diffusée à partir d'un pays lointain. Personnellement, j'aurais beaucoup de difficulté à me passer de cette extraordinaire invention. Les images et les nouvelles provenant de partout à travers le monde me tiennent bien informé des grands événements. Et toi, quelles sont tes émissions de télé préférées ?

La révolution informatique

Comme tu as pu le constater à la page précédente, l'électricité a permis de réaliser des pas de géant en matière de communication grâce, entre autres, à l'invention du téléphone et de la télé. Une autre science a aussi permis d'accomplir des prouesses extraordinaires. C'est l'électronique. L'électronique s'intéresse aux électrons, ces petites particules tournant autour du noyau de l'atome. L'électronique est une science complexe et je n'ai malheureusement pas l'espace nécessaire pour te l'expliquer correctement ici (dans un prochain album, peut-être ?). Sache toutefois que les progrès de cette science ont créé la puce électronique, une des plus grandes merveilles du génie humain. Constate-le par toi-même en lisant l'article de journal que je t'ai collé ci-dessous.

UNE NOUVELLE PUCE EST NÉE !

LOS ANGELES—Les Américains Jack Kilby et Robert Noyce ont réussi à créer le premier circuit intégré, ou puce électronique. Cette puce rassemble des milliers de circuits électroniques sur une plaquette de silicium de la taille d'un ongle. L'inventeur a réussi une telle prouesse en gravant le circuit à l'aide d'un procédé photographique complexe. Il y a fort à parier que l'invention de monsieur Kilby fera couler beaucoup d'encre dans le domaine de la micro-électronique.

La Presse californienne, 1959

Le premier ordinateur personnel (assez compact pour que chacun puisse en posséder un à la maison) portait le nom d'Apple II. Il a été conçu par Steve Jobs et Stephen Wozniak, en 1976.

De petites puces électroniques se cachent au cœur de nombreux appareils familiers et contrôlent leur fonctionnement. C'est le cas du four à micro-ondes, de la calculatrice de poche, de la carte de crédit, de la télécommande de la télé et du jeu vidéo. Dans le secteur des communications, la puce a permis l'avènement d'un géant : l'ordinateur.

L'ordinateur est le grand responsable de la révolution dans le domaine des communications. Et tu sais pourquoi ? Parce que ces petites merveilles peuvent communiquer entre elles ! La première communication, ou liaison, entre deux ordinateurs a été effectuée à Los Angeles en 1969. De nos jours, de la musique, du texte, des images et toutes sortes de données informatiques circulent aux quatre coins du globe grâce à Internet, un gigantesque réseau mettant en liaison des millions d'utilisateurs, ou internautes, à travers le monde.

Les informations provenant d'Internet voyagent sous forme de données numériques. Elles circulent sur l'autoroute électronique grâce à un réseau de lignes téléphoniques, les mêmes qui acheminent les voix humaines. Les données voyagent aussi dans des câbles, par l'entremise de fibres optiques ou grâce à des satellites de télécommunications. Peux-tu imaginer tout ce qu'on peut réaliser lorsque des millions d'ordinateurs sont connectés les uns aux autres ?!

UN PEU D'HISTOIRE...   1968

INTERNET

En 1968, les Américains travaillent dans le plus grand secret sur un réseau de communication qui mettrait en liaison toutes les bases militaires. Un an plus tard, la première liaison entre deux ordinateurs a lieu. Le nouveau système de communication s'étend vite aux universités et, peu à peu, au reste du monde. Dans les années 1990, un immense réseau de communication résultant de l'interconnexion de millions d'utilisateurs voit le jour. On lui donne le nom d'Internet. On prévoit qu'un milliard d'internautes provenant de 140 pays navigueront sur Internet en 2010 !

Le communicateur, avril 1998

:-) on est heureux

:-(on est déçu

;-) on plaisante

Connais-tu les signes représentant la frimousse d'un petit personnage constitué de parenthèses, de points-virgules et de tirets qu'on peut utiliser pour exprimer ses sentiments ? C'est un mode de communication très populaire utilisé par des millions d'internautes pour exprimer des sentiments.

Utilises-tu Internet ? Pour ma part, je t'avoue que je ne pourrais plus m'en passer. C'est fou le nombre de choses qu'on peut y faire en très peu de temps...
En voici quelques-unes :

- envoyer et recevoir du courrier
- consulter une encyclopédie
- chercher un livre à la bibliothèque ou à la librairie
- consulter une carte routière
- écouter de la musique
- visiter un musée, une ville
- lire le journal
- voir un vidéo-clip
- réserver des billets pour un spectacle

Savais-tu que l'exploration de l'espace a elle aussi permis de réaliser des avancées spectaculaires dans le domaine des communications ? Depuis 1957, les êtres humains envoient des satellites artificiels dans l'espace. Certains de ces robots « flottent » au-dessus de la Terre, à quelque 36 000 km d'altitude, et servent de relais de télécommunication. Voici comment cela fonctionne : les satellites reçoivent les signaux transmis par des émetteurs situés sur la Terre (des émetteurs paraboliques de stations de télévision, par exemple). Les signaux captés par les satellites sont ensuite réacheminés vers les diverses antennes réceptrices installées sur la Terre. Grâce aux satellites, tu peux écouter des émissions de partout à travers le monde ! Extraordinaire, non ?

Satellite de télécommunications

Les divertissements à travers le temps

Dès la préhistoire, les humains peignent les parois de leurs grottes en utilisant des os, des morceaux de bois calciné et quelques couleurs composées à partir de pierres écrasées. La peinture rupestre (sur les parois des cavernes) est probablement l'une des premières formes d'art et de divertissement humains. Mais il y avait beaucoup plus ! Les objets retrouvés sur les sites de fouilles archéologiques nous ont appris que nos lointains ancêtres sculptaient également l'ivoire et le bois, dansaient et produisaient de la musique en jouant de la flûte ou des percussions ! Comme toutes les facettes de la vie, notre manière de nous divertir s'est bien transformée au fil du temps. Aujourd'hui, grâce aux progrès de la technologie, nous profitons de nouvelles formes de divertissement. Personnellement, j'adore le cinéma et la photographie. Et toi, quel est ton passe-temps préféré ?

La musique

La musique... Quelle détente extraordinaire ! Au moment où j'écris ces lignes, je me fais bercer par le son des flûtes du Magnificat en ré majeur de Johann Sebastian Bach, un compositeur allemand de génie qui vécut de 1685 à 1750. Tu sais, la musique est une très vieille forme d'art. Il y a 5 000 ans, les Mésopotamiens utilisaient déjà plusieurs instruments à vent, à cordes et à percussion. Depuis, une grande variété d'instruments de musique ont vu le jour.

MES RECORDS

Le plus vieil instrument de musique

Plusieurs instruments de percussion comme des tambours en terre ont été retrouvés sur des sites archéologiques datant de 40 000 ans. Mais le premier instrument inventé dans le but de produire des sons mélodieux est une flûte, fabriquée à partir d'un os d'oiseau percé de plusieurs trous.

Modèle de clavecin de 1636

Modèle de grand pianoforte de 1836

Le coin de l'artiste

Accueil | Musique | Arts | Lettres | Info

Le piano

En 1709, un fabricant de clavecins, Bartolomeo Cristofori, construit un nouvel instrument dont les cordes sont frappées par des petits marteaux au lieu d'être pincées, comme les cordes des guitares ou des clavecins. L'Italien le baptise « clavecin avec piano e forte », puisque ce nouvel instrument peut jouer doucement (« piano » en italien) ou fort (« forte ») selon la force appliquée sur les touches. D'abord connu sous le nom de « pianoforte », on l'appelle maintenant le piano.

À compter du 19e siècle, plusieurs avancées technologiques ont permis d'enregistrer et de reproduire des pièces musicales de plus en plus fidèlement.

C'est au prolifique Thomas Edison que nous devons le tout premier appareil capable d'enregistrer des sons et de les reproduire, pour notre plus grand plaisir !

Disque compact

Cassette

L'ENREGISTREMENT

En 1877, Thomas Edison mit au point le phonographe. Au moment de l'enregistrement, les ondes sonores faisaient vibrer le diaphragme, une petite languette de métal, qui communiquait ses vibrations à une aiguille. Celle-ci traçait des sillons de différentes profondeurs dans une feuille d'étain entourant un cyclindre. Lorsqu'on faisait repasser le cylindre, les sillons gravés dans la feuille faisaient vibrer l'aiguille. Celle-ci communiquait ses vibrations au diaphragme qui les transformait en sons. Dix ans plus tard, Émile Berliner mit au point le gramophone qui remplaça les cylindres d'Edison par des disques plats faits de vitre, de zinc et de caoutchouc, produisant des sons de qualité supérieure.

Inventeurs et inventions, p. 46

En 1948, le disque en vinyle, plus solide que celui de Berliner, fait son apparition. Dans les années 1960, la cassette lui fait concurrence, mais 20 ans plus tard, elle est remplacée par le disque compact ou CD. De nos jours, la plupart des enregistrements sont réalisés sous forme numérique, à l'aide d'un ordinateur, et gravés sur CD.

Disque de vinyle

Grâce aux nouveaux baladeurs numériques, on peut trimballer dans ses poches jusqu'à 10 000 chansons ! Imagine : un seul de ces petits appareils révolutionnaires pourrait te permettre d'écouter une chanson différente par jour, pendant les... 27 prochaines années !

Phonographe

Gramophone de Berliner

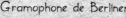
La photographie et le cinéma

Le premier appareil photographique, le daguerréotype, a été inventé en 1839 par le Français Jacques Daguerre. Depuis, la photographie a évolué à pas de géant :

- En 1839, l'Anglais William Fox Talbot découvre le procédé de reproduction à partir de négatifs.
- En 1861, l'Écossais James Clerk Maxwell obtient la première photo en couleurs.
- En 1887, Hannibal Goodwin invente la pellicule plastique.
- En 1888, George Eastman invente le petit appareil Kodak pratique et bon marché.

Cher frérot,

J'ai visité, hier, une exposition qui t'aurait séduit, j'en suis certaine. Il s'agissait de la rétrospective des œuvres inusitées du Français Nicéphore Niépce, celui qui réalisa la première photo. Tu sais qu'à partir des années 1800, les scientifiques savaient que certains produits chimiques noircissaient sous l'effet de la lumière. En 1826, Niépce enduisit une plaque d'étain d'un de ces composés, le bitume, et pointa son appareil photographique vers une fenêtre. Il laissa la plaque exposée à la lumière pendant huit heures. Là où la lumière avait frappé, le bitume avait noirci, laissant une image bien nette.

Ta grande sœur qui t'aime XXX

L'avènement de la photographie a inspiré de nombreux inventeurs. Vers 1850, on arrive à décomposer un mouvement rapide en plusieurs photos. Puis on réussit à reconstituer ce mouvement en projetant rapidement les images à l'aide d'appareils comme le praxinoscope d'Émile Renaud (il est l'inventeur du dessin animé). À la fin du 19e siècle, les frères Lumière se sont inspirés de toutes ces nouvelles découvertes et inventions pour créer le cinématographe, un appareil qui sert à la fois de caméra et de projecteur. La magie des images défilant sur un grand écran allait créer beaucoup d'émoi chez les gens de l'époque. Mon grand-père paternel était au nombre des chanceux invités à assister à la première projection publique. Voici d'ailleurs à ce sujet, un vieil article du journal Voici Paris qu'il m'a remis en souvenir.

DES VUES ANIMÉES AU GRAND CAFÉ

Hier, boulevard des Capucines, a eu lieu la première projection publique du cinématographe des frères Auguste et Louis Lumière, un appareil qui projette des photos à partir d'une longue bande de Celluloïd. Comme 16 images sont projetées sur l'écran en une seule seconde, cette succession rapide nous donne l'illusion parfaite du mouvement. Nos journalistes, conviés à l'événement, en furent littéralement renversés !

Voici Paris, 29 décembre 1895

As-tu déjà vu de vieux films muets en noir et blanc ? Les films « parlants » datent de 1927 et ceux en couleurs, de 1932. De nos jours, aux États-Unis seulement, il se vend environ 1,5 milliard de billets d'entrée au cinéma par année ! Pas mal pour une invention qui était à l'époque considérée, par certaines personnes, comme une « simple attraction foraine sans avenir » !

Jeux

Les bébés jouent spontanément avec tout ce qu'ils trouvent. Les chatons, les chiots ou les lionceaux en font autant. Pour eux, comme pour les petits humains, le jeu est une façon de découvrir le monde qui les entoure. En grandissant, nous jouons avec des jeux de plus en plus compliqués, comme des jeux de construction ou des jeux vidéo demandant beaucoup d'adresse. Même les adultes continuent à jouer à des jeux de société comme les cartes et les échecs ! Beaucoup de nos jeux sont très anciens. Des dés ont été découverts dans des tombeaux égyptiens antiques et les échecs, tout comme les balles et les poupées, remontent à la nuit des temps. La grande diversité de jeux et de jouets que l'homme a créés au cours de son histoire témoigne bien de sa grande ingéniosité et de son esprit inventif. À toi de juger !

Les premiers oursons en peluche ont été fabriqués au début des années 1900.

Dis-moi, professeur, pourquoi on joue ?

Louis (mais mes amis m'appellent Lou)

Voici quelques jouets que tu connais bien et les dates de leur apparition.

Le cerf-volant serait apparu en Chine il y a environ 3 500 ans.

Même si le yo-yo n'est apparu en Europe que vers 1800, les enfants grecs en jouaient déjà il y a plus de 2 500 ans.

Selon une légende du 6ᵉ siècle, un radja indien fit cadeau d'un échiquier aux Perses, habitants de l'actuel Iran. Ceux-ci adoptèrent aussitôt le jeu indien et le transmirent aux Chinois, puis aux Arabes, qui l'introduisirent en Europe vers le 11ᵉ siècle. Le jeu fit alors sensation à la cour des rois qui l'adaptèrent à leur environnement médiéval. Le vizir des Perses (grand ministre du roi) se transforma en reine, les éléphants devinrent les fous du roi, et les chars se changèrent en tours de château. Peu importe les personnages, le but du jeu reste le même : capturer le roi.

Sur une surface quadrillée de 64 cases appelée échiquier, deux armées adverses se font face.

Les Trésors de génie, p. 53

« Échec et mat » est une déformation de l'expression arabe « al shâh mat » qui veut dire « le roi est mort ».

Ce jeu de construction fait de petites briques de plastique a été inventé en 1949 par le Danois Kjeld Kirk Kristiansen.

En 1763, un imprimeur anglais du nom de John Spilsbury invente le puzzle.

La poupée Barbie a été inventée par l'entrepreneure californienne Ruth Handler. Elle fit son apparition dans les magasins en 1959.

Vers 1760, un musicien belge, Joseph Merlin, remplace par des roulettes les lames des patins à glace.

Anciennement fabriqués par des artisans, les parents ou les enfants eux-mêmes, les jouets sont maintenant fabriqués en usine. Des équipes d'inventeurs travaillent jour après jour à en concevoir de nouveaux. Qu'ils fassent appel à l'intelligence, à la mémoire, à l'adresse physique ou à l'imagination la plus spontanée, les jeux occupent une place privilégiée dans nos vies. En grandissant, n'oublie jamais de prendre le temps de jouer.

En 1989, la compagnie japonaise Nintendo lance le Game Boy, un jeu vidéo portable qui connaît aussitôt un énorme succès.

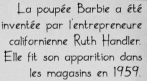

L'origine du jeu de cartes reste mystérieuse. Peut-être créées en Chine du 7ᵉ au 9ᵉ siècle, les cartes à jouer ne sont introduites en Europe qu'au 14ᵉ siècle.

Des inventions complètement folles !

Je t'ai présenté dans cet album toutes sortes d'inventions, des petites trouvailles du quotidien aux grandes découvertes qui ont révolutionné nos vies à jamais. Plusieurs inventions n'ont jamais vu le jour parce que, comme la machine volante de Léonard de Vinci, la technologie permettant de les réaliser n'avait pas encore été inventée. D'autres encore n'ont jamais pu être commercialisées à cause de la difficulté de les fabriquer en grand nombre, de leur absence d'application possible ou du peu d'intérêt qu'elles suscitaient auprès des marchands. Plusieurs inventions qui font partie de notre quotidien étaient autrefois considérées comme des innovations carrément délirantes ! Je pense, par exemple, à l'électricité qui, à ses débuts, suscitait autant la peur que l'admiration ou aux premières voitures qui donnaient la frousse aux piétons et aux chevaux ! Ces inventions n'étaient pas si folles, après tout, puisqu'elles ont traversé les années et qu'elles font encore partie de nos vies ! Mais tu sais, toutes les inventions ne sont pas aussi utiles, ni aussi durables. Je me suis bien amusé à vouloir te le prouver dans cette page.

Pourquoi courir des risques inutiles ?

Équipez dès aujourd'hui votre nouvelle voiture d'un protège-piéton.

Avec cette protection installée sur votre capot, un passant devrait s'en tirer indemne en cas d'accident.

Cher Génius,

Vous connaissez les « gadgets », ces petites inventions souvent inutiles mais parfois amusantes ? Eh bien, j'ai découvert hier que le mot venait d'un certain monsieur Gaget qui aurait participé à la construction de la Statue de la liberté, un cadeau des Français aux Américains. Monsieur Gaget, qui accompagnait dans leur voyage en Amérique les 214 boîtes contenant la statue démontée, a eu l'idée de fabriquer des modèles réduits de la statue et de les vendre comme souvenirs, le jour de l'inauguration. Le succès fut immédiat. Il donna naissance à un phénomène de société et à un nouveau mot : le gadget !

Au plaisir de vous revoir bientôt,
professeur Trukégadgette

Incroyable mais vrai !

par C. Surprenant

Un étrange tourne-pouces !

En consultant diverses listes de brevets, j'ai eu la surprise de découvrir des milliers d'inventions à la fois absurdes et inutiles ! Après avoir hésité longtemps entre un médaillon pour ranger notre gomme à mâcher entre deux périodes de mastication et un outil servant à façonner des boules de neige parfaitement aérodynamiques, je décerne la palme d'or à l'Américain Horace Knowles qui a inventé, en 1979, un tourne-pouces ! Selon l'inventeur, ce gadget permettrait d'augmenter le plaisir de tous ceux qui n'ont rien d'autre à faire que de se tourner les pouces ! Incroyable… mais vrai !

Scientifiquement vôtre, janvier 2004

Suivant les pas de ma chroniqueuse préférée, madame C. Surprenant, j'ai consulté les archives des brevets émis au cours des dernières années. En plus de toute une gamme d'objets complètement inutiles qu'on retrouve sur le marché, il en existe des milliers d'autres qui (heureusement !) n'ont jamais vu le jour. Voici mes notes de lecture :

Lunettes protectrices pour les poules

Couche pour oiseau en liberté dans la maison

Désodorisant intégré aux sous-vêtements en cas de gaz

Habit de plongée anti-requin

Gants palmés pour nager comme un poisson

Sac à bain

Trèfle chanceux à quatre feuilles

Tu sais, il n'y a pas que des inconnus qui passent leur temps à imaginer de nouveaux gadgets. Même des inventeurs très célèbres ont eu de drôles d'idées à l'occasion ! Juges-en par toi-même en découvrant le sous-vêtement anti-gravité (la gravité est cette force qui nous attire vers le sol). Il a été imaginé par nul autre que le grand Thomas Edison, en 1878.

Ce sous-vêtement anti-gravité, qui nous semble aujourd'hui farfelu, aurait peut-être fait partie de notre quotidien si Edison avait réussi. Dis, aurais-tu aimé te rendre à l'école chaque matin flottant derrière la bicyclette d'un copain ?

MES RECORDS

Un grand nombre d'inventions jamais commercialisées

L'Anglais Arthur Pedrick est l'inventeur qui détient le plus grand nombre d'inventions à ne jamais avoir atteint les présentoirs des magasins. Après avoir pris sa retraite d'un bureau de brevets, l'inventeur fit breveter, de 1962 à 1977, pas moins de 162 inventions, dont un système d'irrigation du désert australien à l'aide de balles de neige en provenance de l'Antarctique !

« Le système des brevets d'invention a jeté de l'huile sur le feu du génie. »

Abraham Lincoln

Abraham Lincoln, un ancien président des États-Unis du milieu du 19e siècle, avait bien raison ! Avec l'arrivée des brevets, vers la fin du 18e siècle, le nombre d'inventions a connu un boum sans précédent. Pour la première fois, les inventeurs avaient le droit garanti d'exploiter leurs créations. L'idée de faire des profits a stimulé plus d'une imagination !

Les inventions du futur

Cela est assez étonnant, mais c'est parfois du côté des artistes qu'il faut se tourner pour imaginer quelles seront les inventions du futur. Ça te surprend ? Pense seulement aux auteurs de livres ou de films de science-fiction. Ces visionnaires mettent leur imagination au service de l'avenir sans avoir la contrainte de faire fonctionner véritablement les appareils qu'ils inventent ! Savais-tu que le célèbre auteur Hergé, créateur de la bande dessinée Tintin, a dessiné une fusée lunaire 15 ans avant la création de Saturn V, le lanceur américain qui a envoyé les premiers astronautes sur la Lune ?

Marie-Sarah, Aspirateur pour les bactéries

Connais-tu le métier de futurologue ?
Cette spécialité scientifique consiste à tenter de prévoir l'avenir en étudiant, entre autres, les tendances économiques, techniques et scientifiques actuelles. La tâche des futurologues est loin d'être facile ! En effet, qui aurait pu imaginer que la voiture ou l'ordinateur allaient voir le jour et changer nos sociétés à jamais ? J'ai demandé à plusieurs d'entre vous de m'écrire quelles sont les inventions de demain qui changeront nos vies. Voici les réponses que m'ont envoyées mes petits futurologues en herbe.

nos vêtements d'hiver nous garderont de mieux en mieux au chaud

les trains flotteront au-dessus des rails et fileront à plus de 550 km/h.

les voitures ne pollueront plus l'air

Des scientifiques du monde entier cherchent déjà le moyen de remplacer l'essence par une énergie plus « propre ». De petites autos fonctionnant à l'énergie solaire ou au gaz hydrogène devraient être disponibles vers l'an 2010.

les ordinateurs deviendront encore plus petits et plus puissants

on parlera au « téléphone » en voyant l'interlocuteur sur l'écran de notre visiophone

les robots nous aideront à accomplir toutes sortes de tâches

La technologie de cet appareil existe déjà et les visioconférences sont souvent utilisées dans le monde des affaires internationales. Le visiophone devrait être disponible pour tous très bientôt.

Mathieu, Compresseur de poubelles/dé-pollueur

on pourra composer le numéro de téléphone d'un ami en prononçant son nom

Je vous remercie tous pour vos prévisions tout à fait justes. Et merci aussi à tous mes jeunes amis qui ont préféré me dessiner leurs inventions de demain. Vos avions-fusées, robots et autres machines futuristes décorent admirablement bien les dernières pages de mon album.

DES MAISONS INTELLIGENTES

Les maisons de demain seront dotées d'un ordinateur qui contrôlera, entre autres, la température et l'éclairage. Il se met à pleuvoir pendant que vous êtes au travail et vous pensez : « Zut, j'ai oublié de fermer les fenêtres ! » Pas de problème. Grâce à votre télécommande, vous pourrez commander leur fermeture à distance. Vous pourrez aussi mettre en marche votre four ou votre cafetière. Plus besoin de s'inquiéter avec les courses à faire. Votre réfrigérateur prendra soin de noter ce qui manque et de le commander via Internet.

Vie d'aujourd'hui, 1996

Il en ira de même de notre voiture. En plus d'être écologique, elle sera munie d'un ordinateur qui connaîtra sa position exacte durant un trajet donné et pourra suggérer à son conducteur le meilleur raccourci !

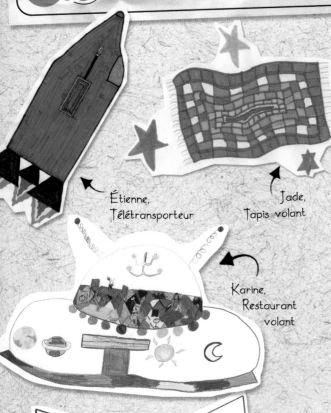

Étienne,
Télétransporteur

Jade,
Tapis volant

Karine,
Restaurant volant

Emmanuelle,
Robot faitout

Pascale,
Livre qui s'illumine dans le noir

À l'avenir, les humains pourront voyager de plus en plus vite, et pourtant, ils se déplaceront de moins en moins ! Grâce à Internet, on passera le plus clair de notre temps à la maison d'où on pourra travailler, voyager, discuter avec ses amis, se documenter, lire les journaux, visiter un musée ou faire des courses. L'informatique apportera aussi à la maison de demain la réalité virtuelle. Jette un coup d'œil à l'extrait ci-dessous.

La réalité virtuelle

Grâce au futur système de réalité virtuelle, l'être humain ne sera plus le simple spectateur de ce qui se déroule sur son écran. Il pourra « pénétrer » dans l'ordinateur et interagir avec les images virtuelles en trois dimensions ! On pourra ainsi pratiquer des sports tels que le ski alpin ou la plongée sous-marine, participer à une course de voitures ou se promener sur une plage déserte. Vêtu d'une combinaison spéciale, on éprouvera toute une gamme de sensations, comme le vent dans les cheveux ou la chaleur du soleil sur la peau.

Scientifiquement vôtre, janvier 2004

Un jour, l'homme quittera la Terre pour visiter d'autres planètes, il exploitera les richesses minérales de la Lune, il percera les secrets de la vie, il créera des machines intelligentes. En repoussant les limites de l'impossible, il réussira peut-être à voyager dans le temps et à voler comme un oiseau. Mais quel que soit le visage du futur, n'oublie jamais que tu en fais partie et que tu peux contribuer à inventer un monde meilleur. Reste créatif, mon jeune ami. C'est une des plus belles qualités de l'esprit humain. Ainsi s'achève notre aventure et je te donne rendez-vous pour un prochain album !

Index

ABC

acide acétylsalicylique 40
acupuncture 41
Áder, Clément 46, 47
aérostat 46
agrafes 29
aliments 20, 21, 22, 23
allumettes 6, 28
alphabet 33
ampoule électrique 11, 28
anesthésie 38
antibiotiques 40, 41
Antiquité 9
antiseptiques 38
appareil photographique 55
Appert, Nicolas 22
appertisation 22
araire 18
Archimède 11, 13
argent 25
Arlandes, François Laurent d' 46
ascenseur 13, 27
asepsie 38
aspirateur 7
aspirine 40, 41
autocuiseur 23
automobile 7, 44, 45, 60
avion 47
avion à réaction 47
AZT 41
Bach 54
Baird, John Logie 6, 51
bakélite 30
baladeur numérique 55
Barbie 57
Barnard, Christian Neethling 39
bateau à vapeur 43
bateaux 9, 42, 43
Bell, Alexander Graham 50
Benz, Carl 44, 45
Berliner, Émile 55
Best, Charles 41
beurre 20
bicyclette 44
billets de banque 25
boîtes aux lettres 48
Bombardier, Joseph-Armand 45
Bouchard, Pierre-François-Xavier 33
boulier 35
boulon 26
boussole 9, 43
boutons 30
boutons-pression 29

brevet 10
brosse à dents 27, 30
Bushnell, David 42
cadenas 25
calculateur électronique 35
calculatrice 35
calculi 34, 35
Campbell, John 43
caoutchouc 10
caravelle 42
cartes de crédit 25
cassettes 55
centrale électrique 11
centrale hydroélectrique 13
cerf-volant 56
Chain, Ernst Boris 40
Champollion, Jean-François 33
Chappe, Claude 50
charrue 18
chauffage central 28
chèques 25
chiffres 32, 34, 35
chirurgie 38, 39
chloroforme 38
ciclosporine 39
cinéma 55, 56
cinématographe 56
ciseaux 25
civilisations 8
clavecin 54
clé 26
clémentine 21
clou 24
Coca-Cola 10
code morse 50
colle 24
Colomb, Christophe 42
Compagnie Bayer 40
congélateur 23
conserves 22
Cooke, William 50
corde 24
Cormack, Allan 37
correcteur blanc liquide 31
courant électrique 17
crayon 26
crème glacée 21
Cristofori, Bartolomeo 54
croustilles 21
Crum, George 21
Cugnot, Joseph 45
cuisinière 23
cuisinière électrique 23
Cumming, Alexander 29

DEF

Daguerre, Jacques 55
daguerréotype 55
Daimler, Gotlieb 44
Davis, Jacob 31
DDT 19
dé à coudre 26
de Mestral, Georges 31
de Rozier, Pilâtre 46
de Vinci, Léonard 11, 36, 46
dés à jouer 56
dirigeable 46
disque compact 55
disque de vinyle 55
douches 29
draisienne 43
Durand, Peter 22
dynamite 7
dynamo 17
Eastman, George 55
échecs 56, 57
échographie 37
Eckert, John Presper 35
éclairage public 27
écriture cunéiforme 32
Edison, Thomas 6, 10, 11, 28, 55, 59
égouts 26, 29
électricité 13, 15, 16, 17, 45
électricité statique 16
électronique 52
engrenages 13
enregistrement 55
Éole 47
épingle 24
épingle de sûreté 28
Ericsson, John 43
Evans, Oliver 43
Fabre, Henri 46
Faraday, Michael 17
fausses dents en porcelaine 27
fax (voir télécopieur)
fermentation 22
fermeture à glissière 29
Ferrande, Pierre Garcie 43
feu 6, 23
Fleming, Alexander 40, 41
Florey, Howard Walter 40
flûte 54
Fly, Arthur 10
Ford, Henry 45
four à micro-ondes 23
Franklin, Benjamin 16, 28
fusée 10
futurologie 60

GHI

gadgets 58
Gagarine, Youri 47
Gaget 58
galères 42
Galvani, Luigi 17
Game Boy 57
Giffard, Henri 46
Goddard, Robert 10
gomme à effacer 27
Goodyear, Charles 10
gramophone 55
grille-pain automatique 22
Gutenberg, Johannes 9, 34
hamamélis 40
Handler, Ruth 57
Harington, John 29
hélicoptère 47
hiéroglyphes 33
Hill, Rowland 48
Hoffmann, Felix 40
Hooke, Robert 37
Hounsfield, Godfrey Newbold 37
hydravion 46
hypocauste 28
idéogrammes 33
idéophonogrammes 33
imagerie par résonance magnétique 37
imprimerie à caractères mobiles 9, 34
industrie textile 8, 14
instruments à percussion 54
instruments de musique 54
insuline 41
Internet 48, 52, 53, 61

JKL

Jansen, Hans 37
Jansen, Zacharias 37
Jenner, Edward 40, 41
jeu de cartes 57
jeu de construction 57
Jobs, Steve 52
jonque 42
journaux 49
ketchup 20
Kilby, Jack 52
kinétoscope 11
Kristiansen, Kjeld Kirk 57
Laennec, René-Théophile 36
lame de rasoir 30
lampadaire électrique 27
lampe à incandescence 28
Lauterbur, Paul C. 37
laveuse automatique 29

Lebon, Philippe 27
Leeuwenhoek, Anton van 37
lettres 32, 33, 34
Lincoln, Abraham 59
Lindbergh, Charles 47
Lister, Joseph 38
locomotive à vapeur 44, 45
locomotive diesel-électrique 45
locomotive électrique 45
Lumière (frères) 56
lunettes 26

MNO

machine à écrire 49
machine à écrire électrique 11
machine à vapeur 12, 14, 15, 26
machine volante 46
maisons 24
maquillage 24
Marconi, Guglielmo 51
marque-page Post-it 10, 31
Massé, Alexandre 30
Mauchley, John 35
Maxwell, James Clerk 55
McCormick, Cyrus 19
mélangeur 22
Merlin, Joseph 57
métro à vapeur 44
microbes 22, 23
microchirurgie 39
microscope 37
miroir 24
Modèle T 45
moissonneuse 19
Montgolfier (frères) 46
montgolfière 46
montre-bracelet 30
Morton, William Thomas Green 38
moteur à combustion interne 15
moteur à réaction 8
moteur électrique 15, 17
motocyclette 44
mouchoir en papier 30
Muller, Paul 19
Munters, Carl 23
négatifs 55
Newcomen, Thomas 15
Niepce, Nicéphore 55
Nintendo 57
nitroglycérine 7
Nobel, Alfred 7
OGM 21
ordinateur 52, 60

ordinateur personnel 52
Otis, Elisha 27
ouvre-boîte 22

PQR

pain 20
papier 9, 25, 33
papier hygiénique 28
parapluie pliant 26
paratonnerre 16
parfum 24, 30
Pascal, Blaise 35
Pasteur, Louis 22, 37, 38, 41
pasteurisation 22
Patent-Motorwagen 44, 45
pâtes alimentaires 21
patins à roulettes 57
Pedrick, Arthur 59
peigne 24
peinture rupestre 32, 54
pellicule plastique 55
pénicilline 40, 41
Pettit Smith, John 43
phonographe 11, 55
photocopieur 49
photographie 55, 56
piano 54
pictogrammes 32, 33
pièces de monnaie 25
pile électrochimique 17, 28
pilon 22
plastique 30
plateau TV garni 23
plats surgelés 23
poêle à bois fermé 28
poêle en teflon 23
Polo, Marco 21
poste 48
poubelle 26
Poubelle, Eugène-René 26
poudre à canon 9
poulie 13
praxinoscope 56
presse d'imprimerie 34
protoxyde d'azote 38
puce électronique 52
puzzle 57
quipu 35
radar 8, 43
radiateur à gaz 28
radiateur électrique 28
radio 51
rayons X 36
réalité virtuelle 60

réfrigérateur 23
Reid, John 37
Renaissance 9
Renaud, Émile 56
réverbère 27
Révolution industrielle 9, 14
robot de cuisine 23
Röntgen, Wilhelm Conrad 36
roue 12, 13
roue à aubes 13
roue du potier 13
ruban adhésif 30

STU

sandwich 20
Sandwich, comte de 20
satellites 53
saule blanc 40
Savery, Thomas 15
savon 24
scanner 36, 37
semoir 18
sériciculture 31
sextant 43
Shen Gua 43
Sholes, Christopher 49
sida 41
Sikorski, Igor 47
soie 31
Spilsbury, John 57
stérilisation 22
stéthoscope 36
Strauss, Levi 31
streptomycine 41
stylo-feutre 31
Swan, Joseph 28
système de numération romain 34
système métrique 25
Talbot, William Fox 55
télécopieur 49
télégraphe 11, 50
télégraphe électrique 50
télégraphe sans fil 51
téléphone 50
téléviseur 9, 51
télévision 51
Thalès de Milet 16
thermostat de cuisinière 23
timbre-poste 48
toilettes 29
tourne-pouces 58
tracteur 18
train 45
tramway 44

transplantation 39
trépanation 38
Trevithick, Richard 44, 45
trombone 30
tube dentifrice 28
tuberculose 41
Tull, Jethro 18
turbine 13

VWXYZ

vaccin 40, 41
vaisseau spatial 47
vapeur 14
véhicule amphibie 43
Velcro® 31
Vésale, André 36
vis 27
visioconférence 60
visiophone 60
Volta, Alessandro 17
von Platen, Balzer 23
von Sauerbronn, Karl Davis 44
Vostok 1 47
Waksman, Selman 41
Watson-Watt, Sir Robert Alexander 43
Watt, James 15
Wells, Horace 38
Wheatstone, Charles 50
Wild, John Julian 37
Winsor, Frederick 27
Wozniak, Stephen 52
Wright, Orville 47
Wright, Wilbur 47
yo-yo 56
zeppelin 46

Mes remerciements

Mille mercis...

À Caroline Fortin pour sa confiance et son support,
À Martine Podesto pour sa compréhension et son travail acharné,
À Johanne Champagne et Mireille Messier pour les bons mots,
À Anouk Noël et Rielle Lévesque pour les coups de pouce artistiques,
À Josée Noiseux, Jérôme Lavoie, Jean-François Nault et Éric Millette
    pour les conseils graphiques,
À Nathalie Gignac pour l'organisation du travail et le contrôle des archives,
À Stéphanie Lanctôt pour la documentation,
À Claude Frappier pour la révision linguistique des textes.

Je souhaite aussi remercier les personnes suivantes, qui ont gentiment
    accepté de vérifier les faits présentés dans cet album :
Le Dr Luc Oligny, pathologiste à l'hôpital Sainte-Justine de Montréal,
Robert Tremblay, historien à la Division de la conservation du
    Musée des sciences et de la technologie du Canada,
Yves de Grandmaison, professeur d'histoire des civilisations au cégep de Rosemont,
Jacques G. Ruelland, professeur associé au département d'histoire
    de l'Université de Montréal,
John Alexander Dickinson, professeur titulaire au département d'histoire
    de l'Université de Montréal,
Juli Pisano, responsable aux communications de Dare-Dare, Centre de diffusion d'art
    multidisciplinaire de Montréal,
Anna Adamek et Marie-Josée Castor du Musée des sciences et
    de la technologie du Canada et Sylvia Mauro du Musée canadien des civilisations.

Merci aussi à mon ami Daniel Paquette, président d'Inventarium, qui m'a fait
    l'honneur de lire mon ouvrage.

Un énorme merci à Mathieu, Marie-Sarah, Emmanuelle, Pascale, Kristina, Karine,
    et tous les enfants de 4ᵉ, 5ᵉ et 6ᵉ années de l'école Pierre-Boucher-de
    Boucherville pour leurs magnifiques inventions du futur.

Finalement, merci à ma chère sœur ainsi qu'à mes amis Pietro Poussiero, Ea Ping Kor,
    Paul Savant et le professeur Trukégadgette de m'avoir soutenu et accordé leur amitié.

À un prochain rendez-vous !